Steve Adams

Gebrauchsgegenstände drechseln

Drechselvorlagen für praktische Dinge

Printed in Germany
Herstellung und Verlag: Books on Demand GmbH, Norderstedt
Zeichnungen, Titelabbildungen: Steve Adams
1. Auflage 2009

ISBN 9783837050196

Inhalt

Vorwort

Drechseln – Ein altes Handwerk wird immer beliebter

Mit einem elastischen langen Holz fing alles an. Ein Riemen daran befestigt, um das zwischen zwei Spitzen eingespannte Werkstück gespannt, das Ende an einer Fußwippe befestigt. Fertig war die Wippdrehbank, die immer noch begeisterte Anhänger findet. Nicht zuletzt wegen der geringen Geschwindigkeiten und Kräfte ist eine Wippdrehbank oft eine erste Drehbank für Kinder, die so das Drechseln auf recht ungefährliche Weise erlernen können. Hier können Sie ohne „Schlag" Meißel und Röhren ausprobieren, erlernen, bei welcher Werkzeughaltung sich das Holz effektiv schneiden lässt.

Früher wurden auf diesen Wippdrehbänken vor allem in Großbritannien direkt im Wald Dinge des täglichen Bedarfs hergestellt. Die Bank wurde direkt dort auf- und wieder abgebaut und das Abfallholz der noch grünen Stämme verblieb auf dem Waldboden. Ökologischer kann man sich Drechseln kaum vorstellen. Diese ersten Drechselhandwerker richteten das Holz mit Äxten und Beilen zu und verarbeiten es zu Stuhlbeinen, Streben, usf. Heute noch erhaltene Möbel aus damaliger Zeit zeugen vom versierten Können dieser Handwerker, die ihr Stück Holz noch mit eigener Muskelkraft in Rotation versetzen mussten.

Erst die industrielle Revolution brachte mit vielen Maschinen zur Metallbearbeitung auch schwere gusseiserne Drechselbänke hervor, die hauptsächlich von Wagnern, der Möbelindustrie und anderen Holzindustrien eingesetzt wurden. Spezielle Drehbänke wurden für viele Anwendungsfälle entwickelt. So besaß die Drehbank des Stellmachers Vorrichtungen zur Einteilung und Bohrung von Radnaben und Felgen und auf Kopfdrehbänken wurden schon vor der Erfindung der Fräsen, Bilderrahmen gedreht. Angetrieben wurden diese Bänke meist durch Lederriemen, die je nach gewünschter Geschwindigkeit auf kleinere oder größere Antriebsscheiben aufgelegt wurden. So wurden bei gleich schneller Dampf- oder Wasserkraftmaschine unterschiedliche Geschwindigkeiten möglich. Zudem konnten die Drechsler nun an einem Stück drechseln, da sich das Werkstück nun kontinuierlich drehte. Mit der Erfindung und der günstigen Produktion von Elektromotoren wurde die Drechselbank vom zentralen Antrieb der Werkstatt unabhängig und von da an auch für Hobbydrechsler interessant und überhaupt erschwinglich.

Das Handwerk des Drechselns blieb jedoch nicht auf dieser Entwicklungsstufe stehen. Elektronik, Computer, pneumatische Einrichtungen und neue Werkzeugstähle kamen hinzu und erlaubten eine enorme Steigerung der Produktionsgeschwindigkeiten. Nicht zuletzt wurde mit diesen Halb- und Vollautomaten der Abschied des Handdrechselns eingeläutet. Das klassische Drechslerhandwerk drohte und droht langsam auszusterben. Gardinenstangen, Kommodenknöpfe, Kinderspielzeug – früher in der Werkstatt des Drechslers gefertigt, wird heute in Automatendrehereien im Sekundentakt erzeugt.

Dem entgegen steht nun eine immer größer werdende Gemeinde von Hobbydrechslern. Sie nutzt zum Teil alte Maschinen, die heutzutage auf dem Gebrauchtmarkt sehr günstig angeboten werden. Mit viel Liebe zum Detail restaurieren Liebhaber gusseisernen Bänke und statten sie, sofern sie noch im Riemenbetrieb liefen, mit Elektromotoren aus. Sie lieben nicht nur das Drechseln sondern wertschätzen ebenso alte Maschinenbaukunst, die in manchen Aspekten heutigen Hobbydrechselbänken überlegen ist. Der Hauptunterschied zu heutigen Konstruktionen (mit einigen Ausnahmen) liegt vor allem beim Bankbett und den Füßen. Früher waren diese meist aus schwerem Guss gefertigt. Dieses Gewicht führte zu weniger Vibrationen. Heute begnügen sich viele Hersteller mit Blech und Stahlrohrkonstruktionen. An einer solchen Bank, wie sie in diversen Baumärkten angeboten wird, wird ein begeisterter Drechsler schnell seinen Spaß verlieren.

Ich rate deshalb jedem Laien, der sich mit diesem Hobby beschäftigen will, zuerst einmal einen Drechselkurs zu besuchen und dann mit der Beratung eines „Meisters" und der gewonnen Drechselfreunde zur Tat zu schreiten. Denn das was für die Qualität der Drechselbank gilt, gilt ebenso für die Wahl der Werkzeuge, für die man noch mehr Geld ausgeben kann. Auch wenn der Drang, sich möglichst schnell eine Drechselwerkstatt einzurichten, noch so groß ist, rate ich davon ab! Ein Drechselkurs zu Beginn, spart bares Geld. Denn nur hier erfahren angehende Drechsler, welches Werkzeug sie wirklich benötigen.

Heute gibt es Firmen, die sich auf die Produktion von Qualitäts-Drechselbänken und Werkzeugen spezialisiert haben. Eine Liste dieser – von „professionellen" Hobbydrechslern empfohlenen – Firmen finden Sie im Anhang. Erschrecken Sie nicht. Qualität hat ihren Preis. So kann eine neue gute Drechselbank schnell über 5.000 Euro kosten. Kommt dann noch Zubehör dazu, ist man schnell in der Region eines Kleinwagens. Hat Sie jedoch das Drechselfieber gepackt, werden Sie auch davor nicht zurückschrecken und von der Laufruhe und der Kraft ihrer Erwerbung schwärmen.

Dieses Buch will nicht die Grundlagen des Drechselns vermitteln. Es will genauso wenig eine Anleitung zum richtigen Drechseln sein. Vielmehr will es vielleicht in heutiger Zeit schon vergessene gedrechselte Gebrauchsgegenstände in Erinnerung rufen. Dass diese oft formschönen und praktischen Gegenstände immer noch ihre Funktion haben, beweisen z.B. schöne Türkeile, Nudelhölzer, Holzklüpfel usf. Sie haben alle eines gemeinsam: Sie funktionieren und haben eine ergonomische Form. Je lieber wir einen Gegenstand anfassen, desto länger wird er in unserem Haushalt zu finden sein. Heutzutage wurden diese Holzgegenstände oftmals durch Kunststoff ersetzt – mit der Folge, dass eine begrenzte Lebensdauer inzwischen Standard ist. Wie erfreut es da, wenn einem auf einem Flohmarkt noch ein alter Stechbeitel in die Hände fällt, dessen Griff von der Hand poliert ist und dessen ausgefasertes Ende von starker Beanspruchung erzählt. Genau das Gefühl will dieses Buch vermitteln – vergessene Gegenstände in die Erinnerung zurückrufen und wiederbeleben!

Keil

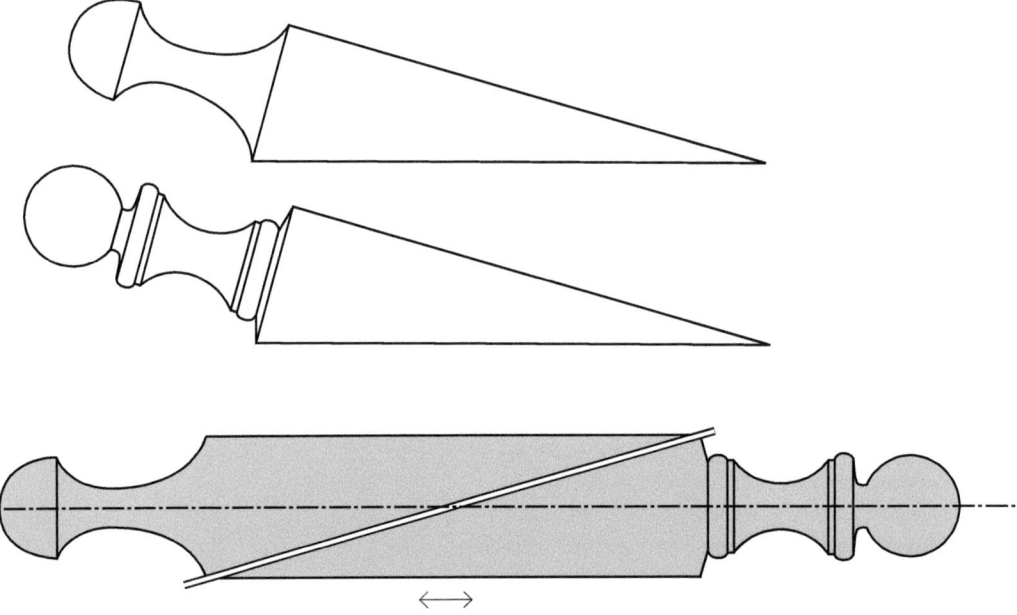

Ein Türkeil wird aus zähem Holz, z.B. aus Esche oder Robinie gefertigt. An der Drechselbank können gleichzeitig zwei Keile hergestellt werden. Wird der Keil mit der Sägefläche nach unten benutzt, hebt sich der Knauf vom Boden ab und kann mit der Hand praktisch gegriffen werden.

Eine Kantel wird zwischen den Spitzen eingespannt. An beiden Seiten werden Griffen gedrechselt. Der mittlere Teil bleibt dabei in Vierkantform.

Ist die Drechselarbeit vollendet, wird die Kantel mit der Säge diagonal in zwei Keile getrennt.

Klüpfel

Für den Kopf eignet sich Weißbuche, für den Stiel Esche oder ein anderes zähes Holz. Handelt es sich um einen leichten Klüpfel kann der Kopf auch aus anderem Hartholz ausgeführt werden. Ebenso der Kopf aus mehreren Holzstücken zusammengeleimt werden. Der Stiel wird oben eingesägt und verkeilt. Der Kopf des Klüpfels ist leicht konisch geformt, so dass mehr Gewicht am Werkzeugende liegt. Außerdem verbessert der Konus die Schlagwirkung beim Klüpfeln aus dem Handgelenk.

Ist der Klüpfel abgenutzt, kann er überdreht werden. So kann er noch für leichte Arbeiten genutzt werden. Der Griff des Klüpfels ist am Ende zu einem Knauf geformt, um ein Abrutschen zu verhindern.

Die gewöhnlichen Maße und Gewichte der Klüpfel liegen zwischen ca. 120 mm Durchmesser bei einem Gewicht von ca. 1 kg bis ca. 180 mm Durchmesser bei einem Gewicht von ca. 2 kg.

Die Kantel des Kopfes wird vor der Außenbearbeitung durchbohrt. Dann wird das durchbohrte Stück außen bearbeitet.
Der Griff wird als normale Langholzarbeit gefertigt.

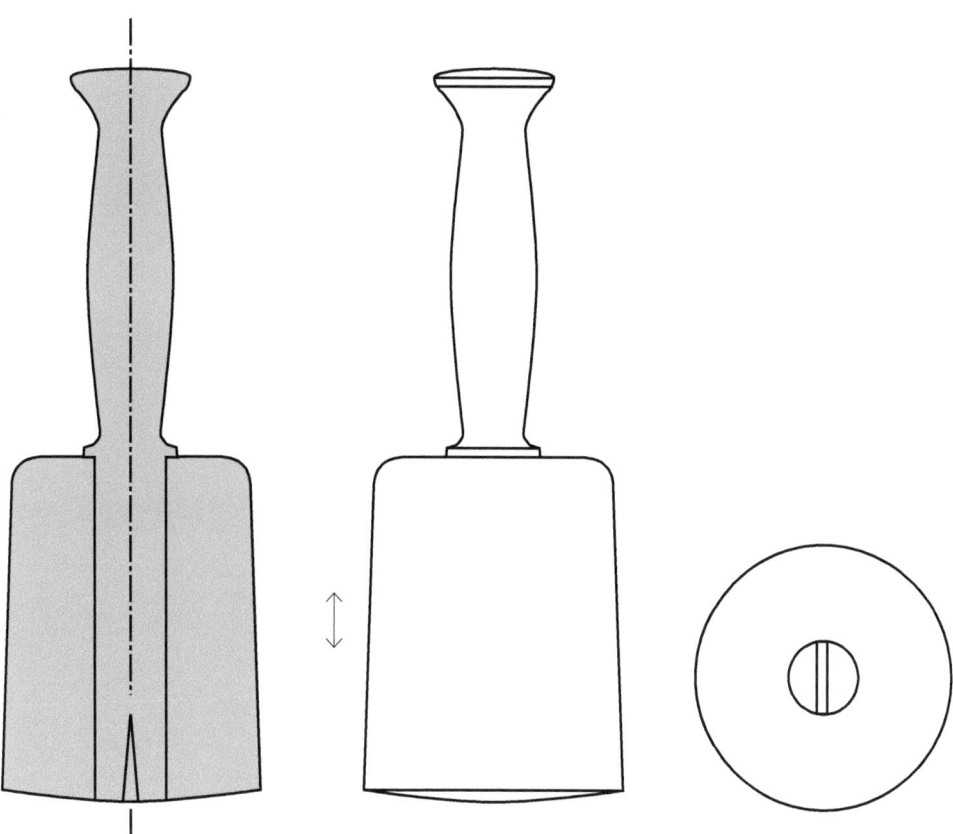

Hammer

Für den Kopf eignet sich Weißbuche, für den Stiel Esche. Die Länge des Stiels und die Größe und Schwere des Kopfes wird auf den jeweiligen Anwendungsfall abgestimmt. Der Stiel wird oben eingesägt und rechtwinklig zum Faserverlauf des Kopfes verkeilt. Ist der Hammer für schweren Gebrauch bestimmt, werden die Enden mit Eisenringen versehen um ein Absplittern des Holzes zu vermeiden. Die Eisenringe können entweder heiß aufgezogen werden, die sich dann beim Abkühlen um das Holz festziehen oder passgenau gefertigt werden. Dann werden sie durch Nägel oder Schrauben gesichert.

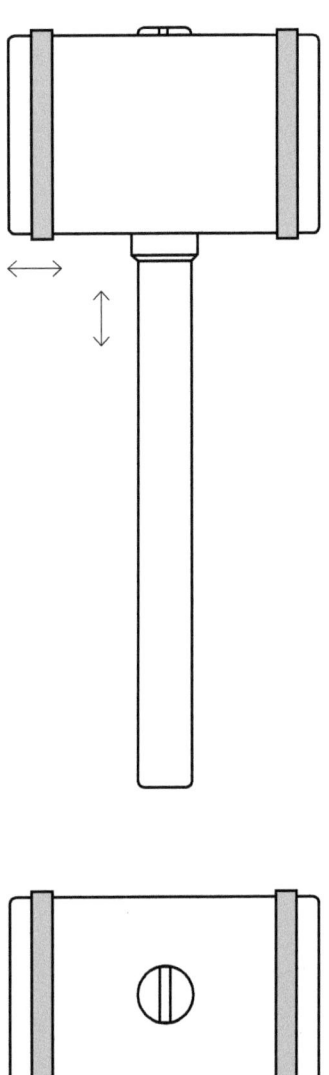

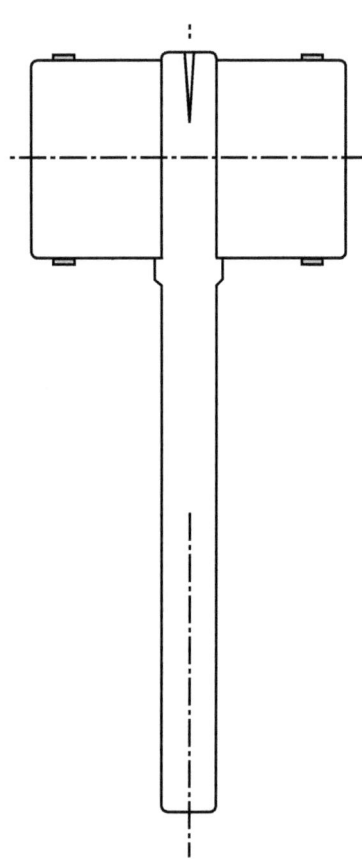

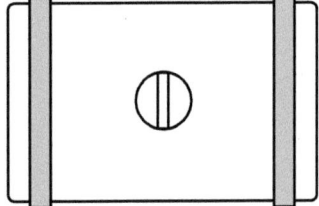

Die zweite Version zeigt eine Version, bei der der Stiel oben breiter ausgeführt ist, um ein Abrutschen des Kopfes zu verhindern. Der Kopf wird über den Stiel gesteckt und durch Aufschlagen der Oberseite auf einen Holzstock festgeklemmt.

Stil und Kopf sind normale Langholzarbeiten und werden zwischen den Spitzen gedrechselt. Das Loch für den Stil wird in passendem Durchmesser gebohrt.

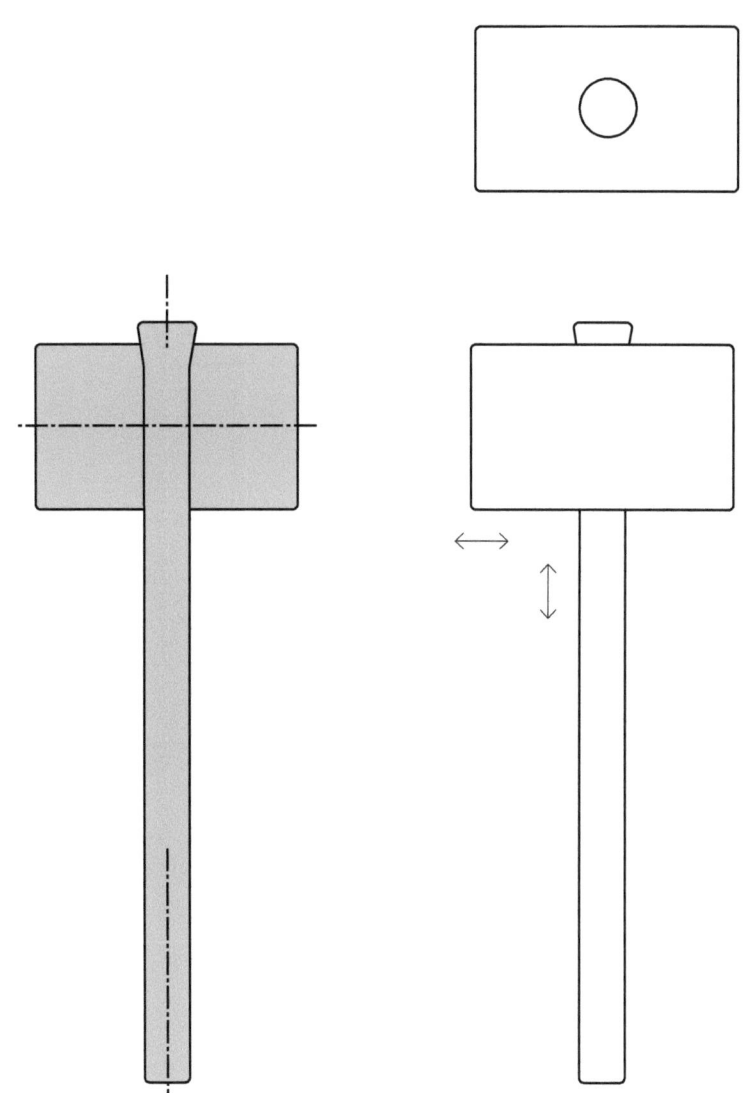

Pflöcke mit Beetschnur

Die Pflöcke werden als klassische Langholzarbeit zwischen den Spitzen gedrechselt. Das Ende der Schnur wird entweder durch eine kleine Bohrung mittels eines Dübels gehalten oder einfach festgebunden. Ein kleiner Nagel mit rundem Kopf kann ebenso verwendet werden. Die Pflöcke der Beetschnur besitzen eine schmale Spitze, die leicht in die Erde eindringt und einen praktischen Griff, der gut in der Hand liegen sollte. In der Vertiefung wird – wie bei einer Garnrolle – die Schnur nach Gebrauch aufgewickelt.

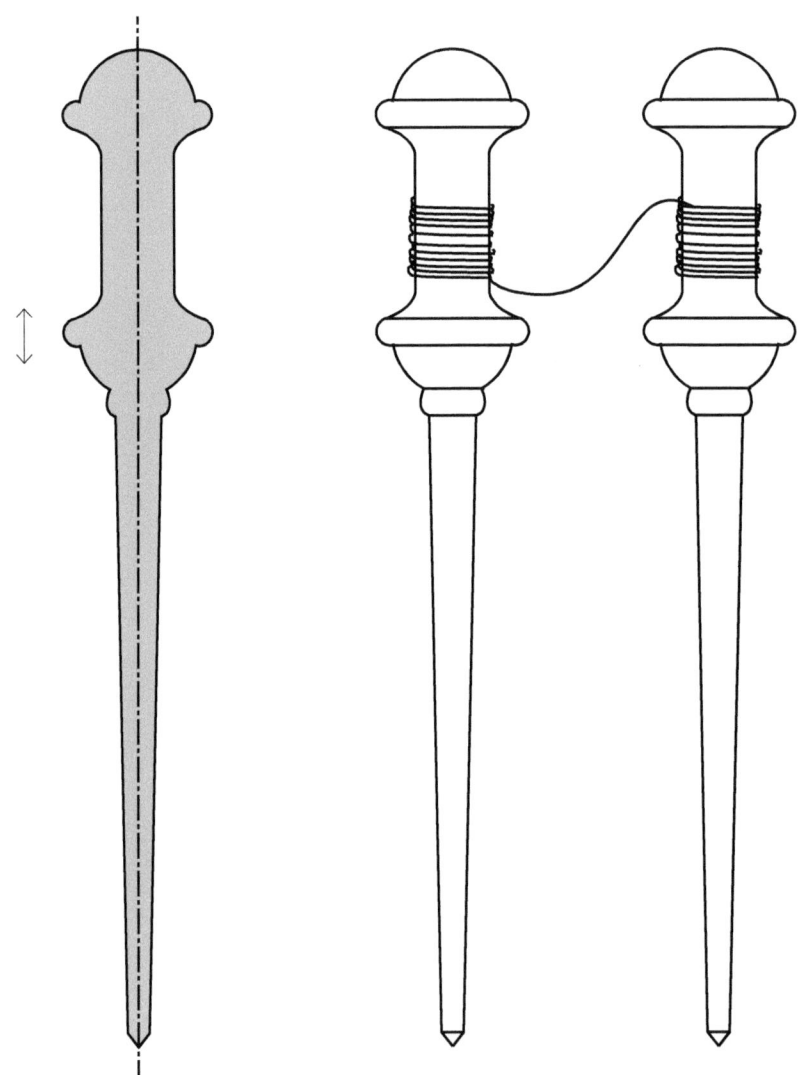

Pflanzholz

Eines der ältesten Gartenwerkzeuge ist das Pflanzholz. Es besitzt einen ergonomischen Griff und eine konisch verlaufende Spitze. Diese verhindert, dass die Erde in das Loch zurückfällt. Rillen z.B. im Abstand von 2,5 oder 3 cm ermöglichen gleichmäßiges Pflanzen in gleicher Tiefe.

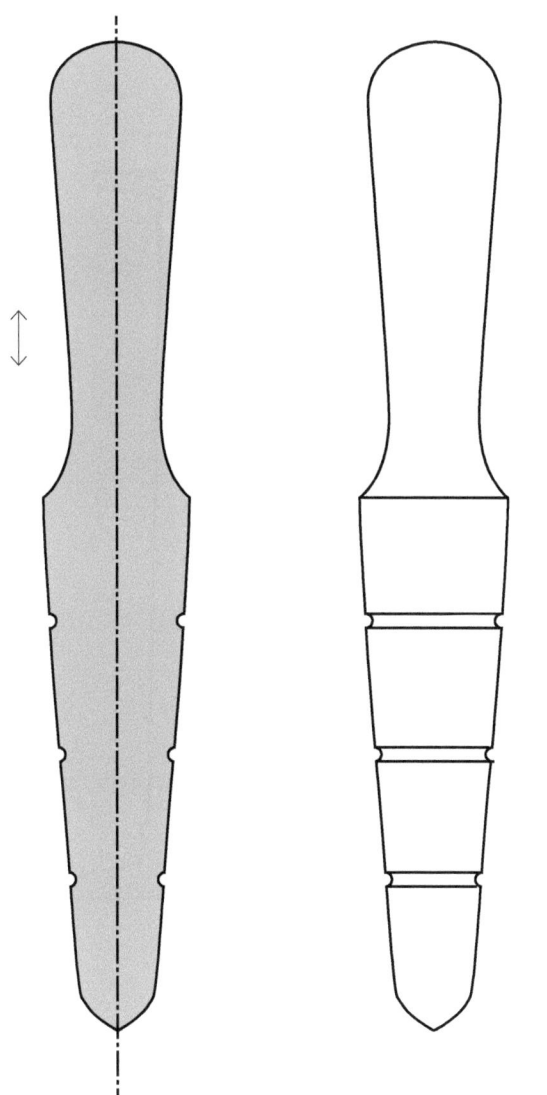

Kerzenständer

Auf dem Tisch ist er nach wie vor der Inbegriff fest-
licher Anlässe. Er besitzt einen massiven Fuß und
eine plane, große Standfläche, die ihn am Umfallen
hindert. Oben wird ein Loch in gewünschter Größe
eingebohrt, das mit einer Kerzentülle aus Metall versehen wird. Dieser Napf schützt das Holz, wenn die
Kerze ganz niederbrennen sollte und sorgt dafür, dass
es zu keinem Unglück kommt.

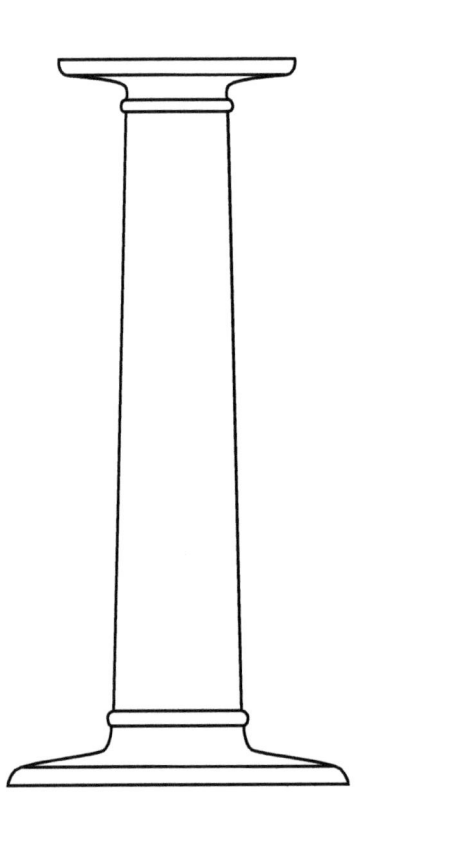
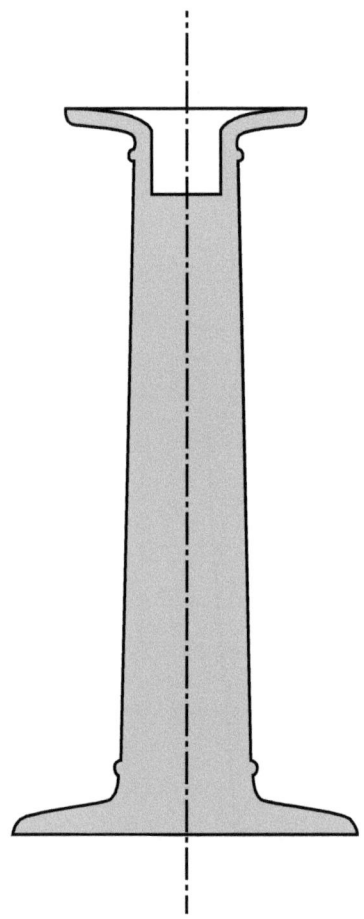

Früher nutzte man ihn, um bei Dunkelheit in den Gang hinauszutreten. Die groß dimensionierte Bodenfläche schützt Boden und Tischdecke vor Wachsflecken. Er kann gut aus zwei Teilen gefertigt werden. Der eine als Langholzarbeit zwischen den Spitzen, der andere als Querholzarbeit wie eine Schüssel.

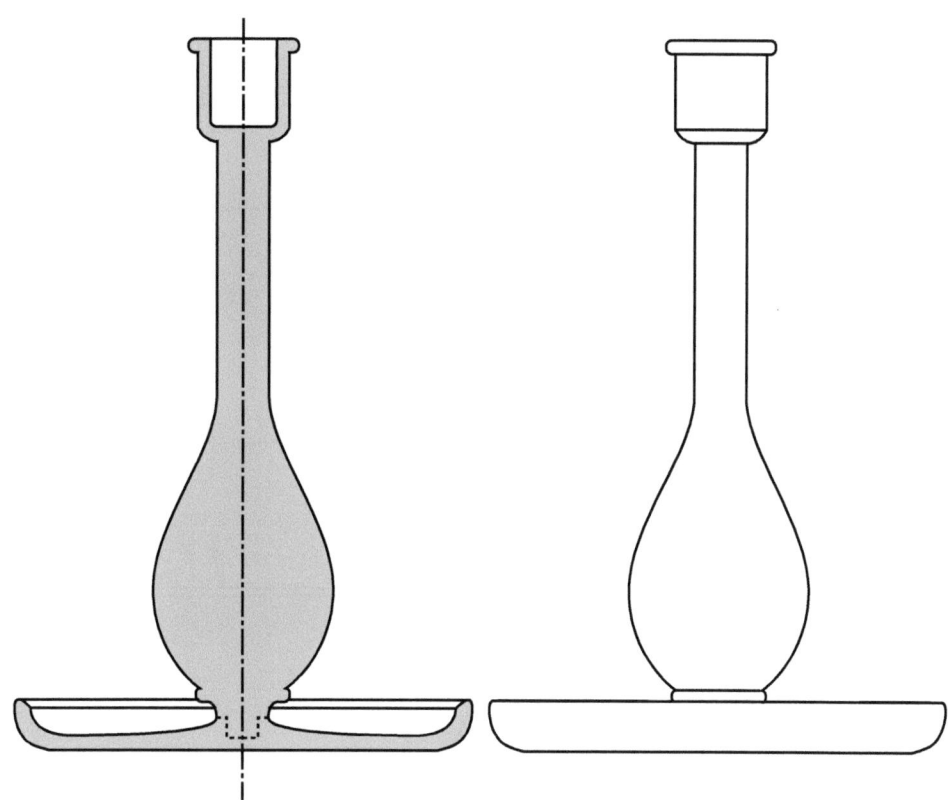

Teelicht

Teelichthalter begegnen uns heute in vielfältiger Gestaltung in nahezu allen Materialien. Für den Drechsler stellen sie besonders zur Verarbeitung von Reststücken eine reizvolle Aufgabe dar. Seltene geflammte Hölzer machen einen solchen Teelichthalter zu Schmuckstücken auf dem Tisch. Die Größe der Aussparung muss dem jeweiligen Teelichteinsatz entsprechen. Aus Brandschutzgründen empfiehlt sich ein Einsatz aus Glas, der dann mit einem herkömmlichen Teelicht bestückt wird.

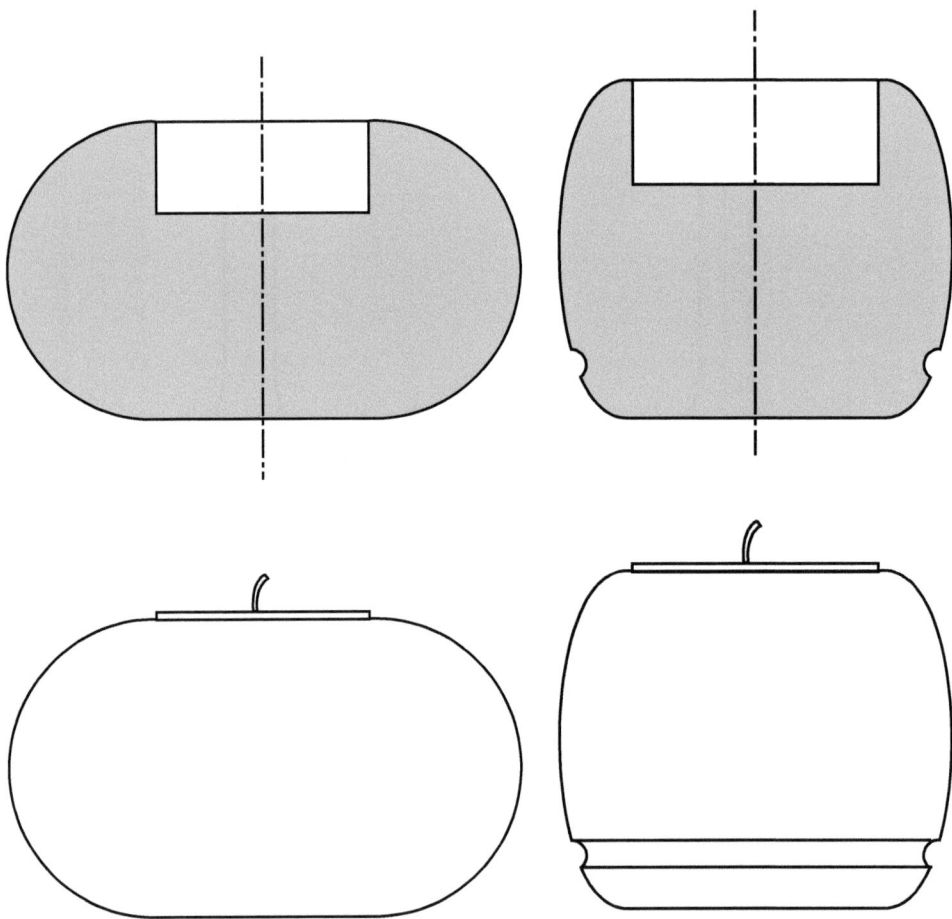

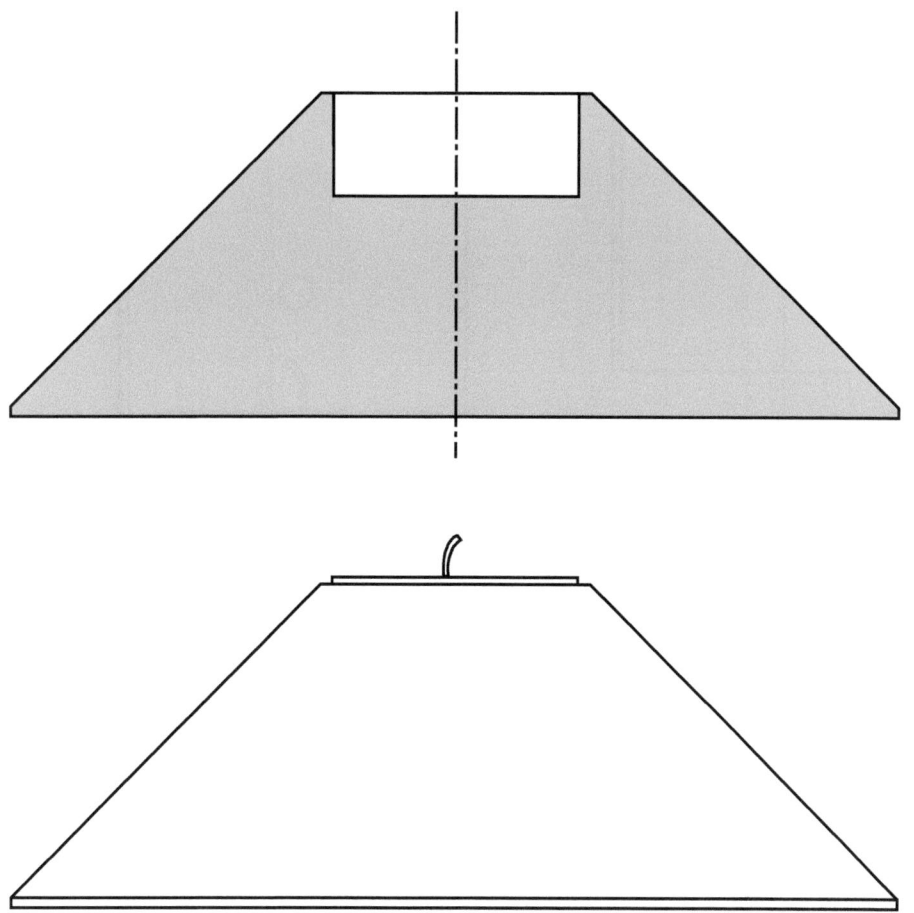

Windlicht

Ein Windlicht besitzt einen Sturz aus Glas, der die Flamme schützt. Allerdings muss man bei der Konstruktion darauf achten, dass der Flamme trotzdem genügend Sauerstoff zugeführt wird, da sonst die Flamme nur sehr sparsam brennt. Hier wurde das Problem durch Bohrungen im Glaszylinder gelöst.

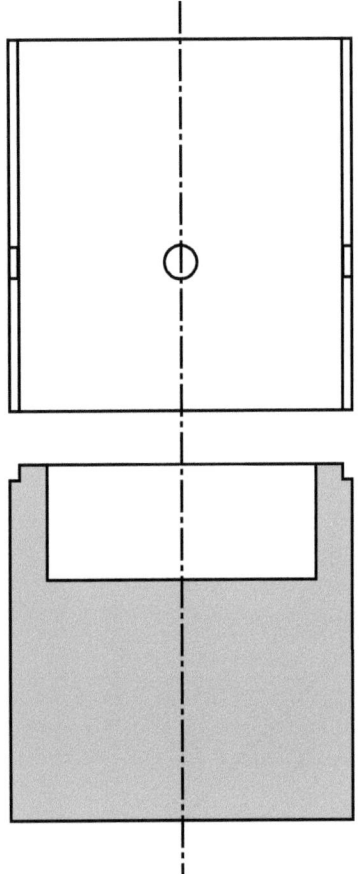

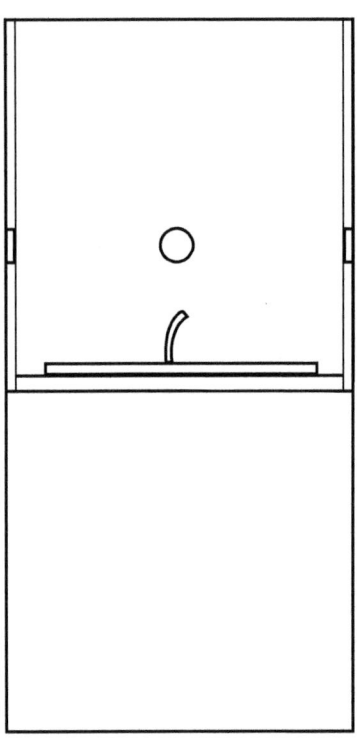

Drachenspindel

Das Bauen und Steigenlassen eines Drachens gehört seit jeher zu den Kindheitsträumen. Eine gute Spindel nimmt die Schnur zwischen zwei Scheiben geordnet auf. Wird die Spindel auf beiden Seiten nur locker gehalten, kann kontrolliert und schnell Leine gegeben werden. Die Spindel kann, wie hier gezeigt, aus einem Stück oder aus einer Dübelstange und dem Mittelteil gefertigt werden. Dann werden die Griffe auf jeder Seite in vorgebohrte Löcher eingeleimt.

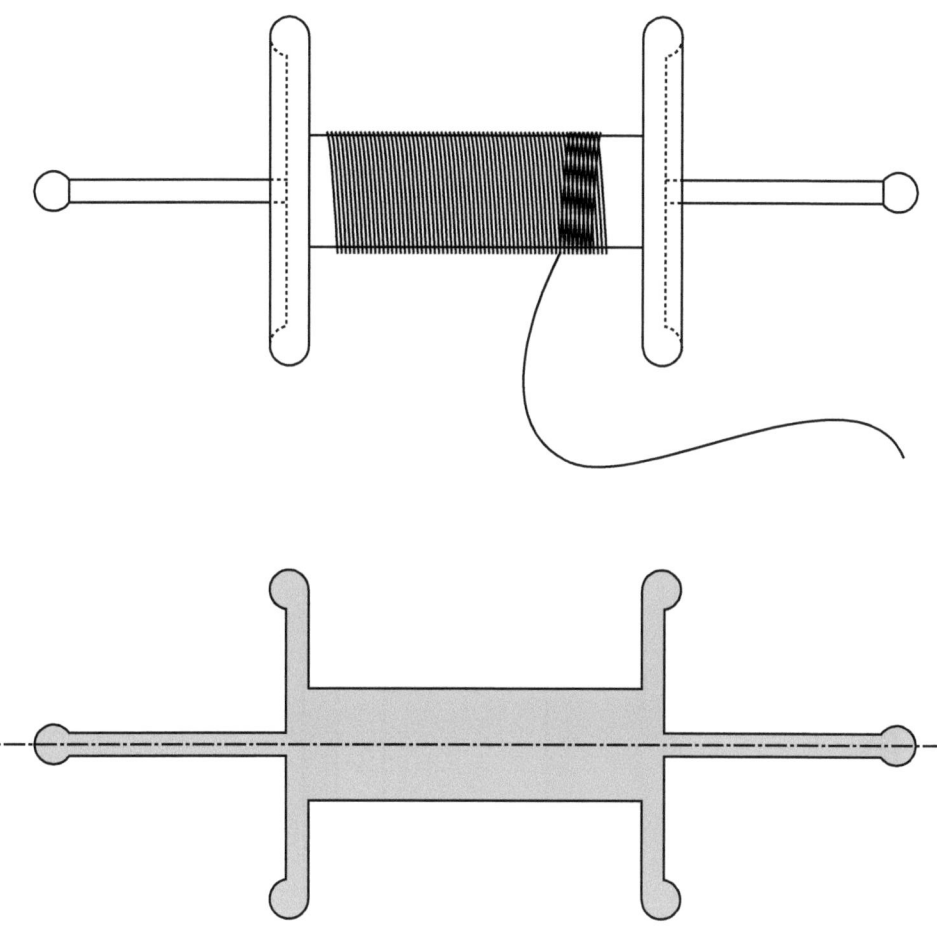

Wäscheklammer

Inzwischen fast vollständig von Plastikvarianten ver- drängt wurde die klassische Wäscheklammer. Als Holz bietet sich feinfaseriges Holz wie Buche an. Sie wird als Langholzarbeit gedrechselt und dann mit der Säge in Form gebracht. Die Innenseiten der Sägekanten werden vor Gebrauch fein geschliffen. Auf Öl verzichten, da dies auf die Wäsche durchschlagen könnte.

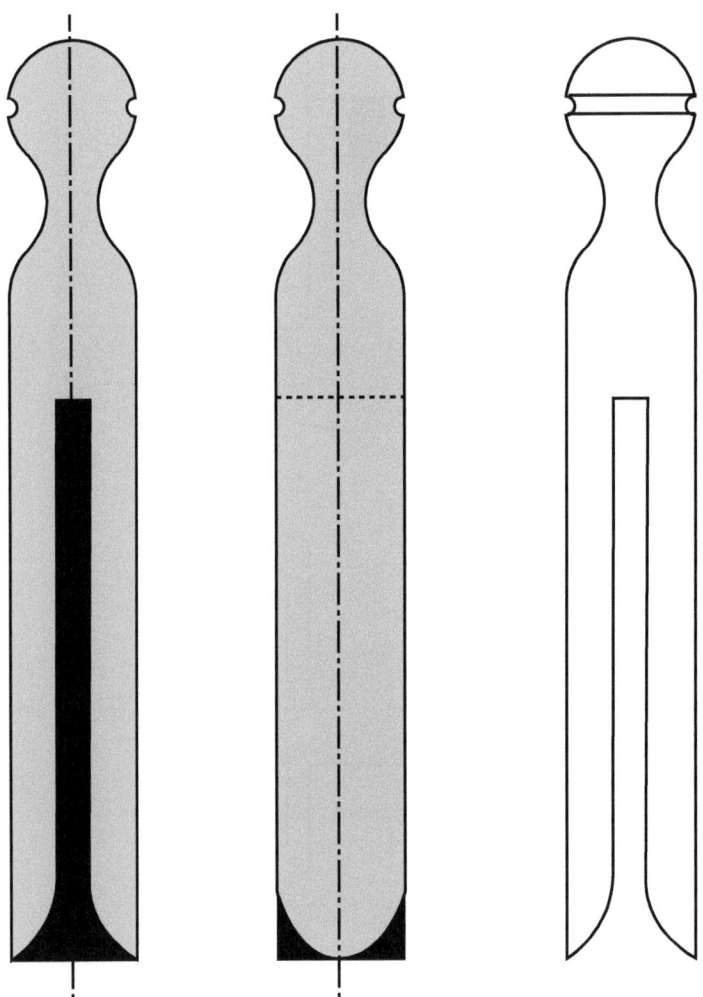

Tablett

Das klassische Tablett besitzt eine große Grundfläche und einen stabilen Rand, der aufgestellte Gläser am Herunterrutschen hindert. Viele Formen sind hier denkbar, einige hier aufgeführt.

Es kann aus nassem Holz vorgedreht und nach dem Trocknen plan nachgedreht werden. Oder es wird gleich aus einem getrockneten dicken Brett gefertigt.

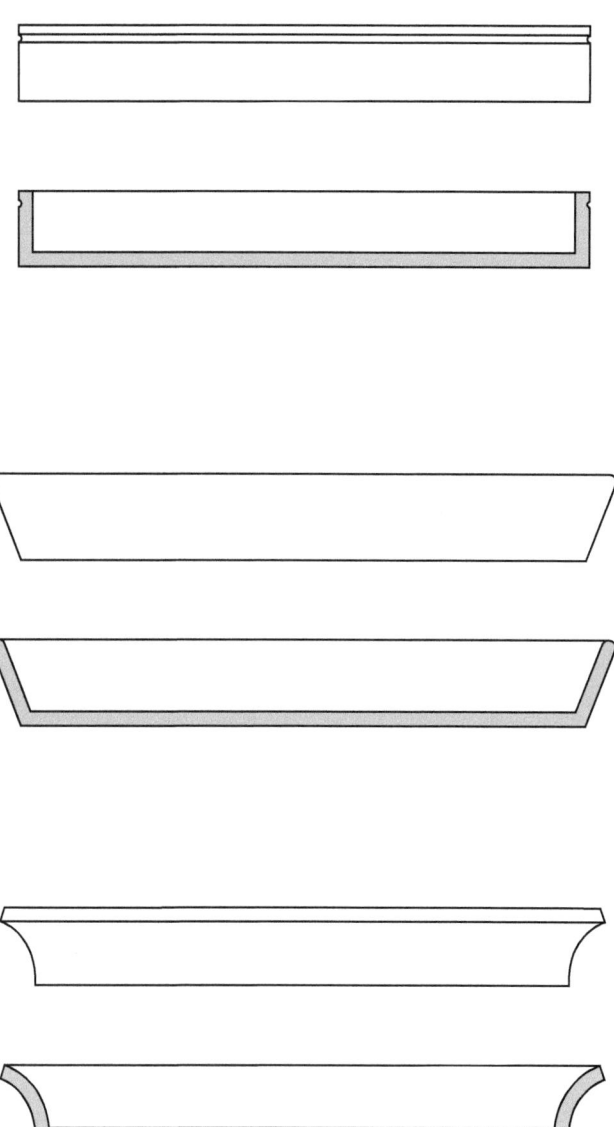

Kartoffelstampfer

Das ideale Werkzeug für die Zubereitung von Kartoffelbrei und sonstigen dicken Breien. Da es unmittelbar mit Lebensmitteln in Kontakt kommt, sollte es aus Buche gefertigt werden. Diese kann man zum Schutz mit Walnussöl einreiben.

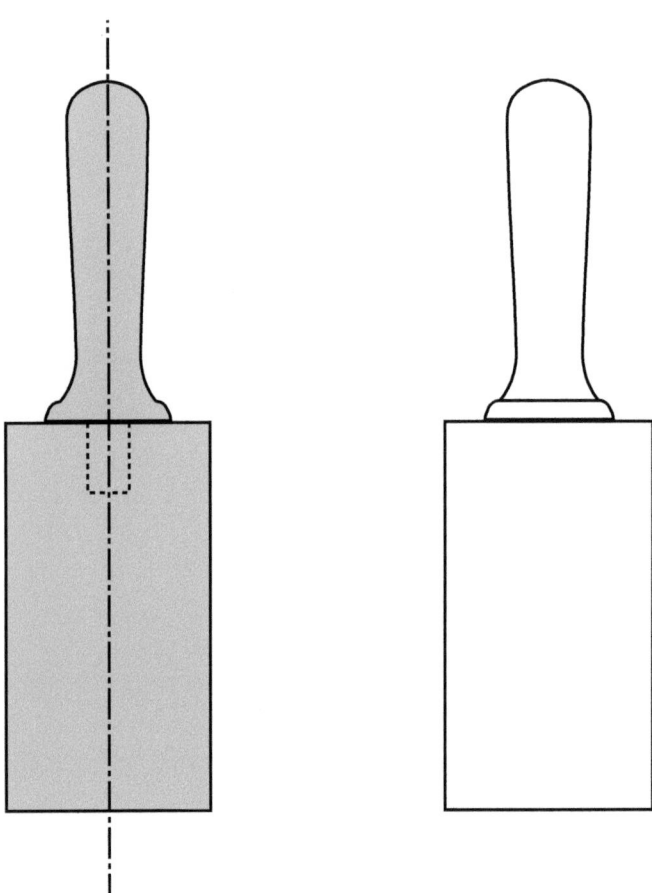

Pilzstampfer

Hat man es mit Weichgekochtem zu tun, das durch ein Sieb gepresst und gestrichen werden soll, greift man zum Pilzstampfer. Er besitzt eine abgerundete Druckfläche, die das Sieb schont.

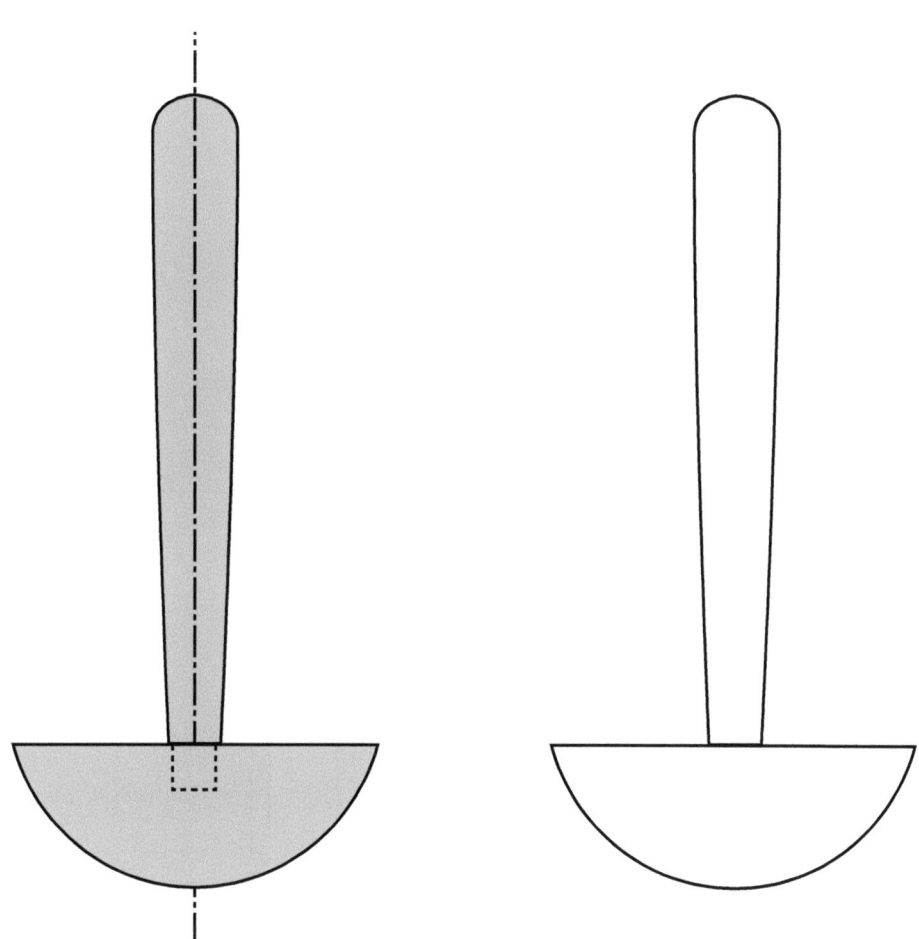

Croquet

Das Gartenspiel für Jung und Alt. Der Holzball wird mit dem Hammer durch eine Anzahl von Toren – entweder aus gebogenem U-förmigem Draht oder aus zwei Pflöcken – vom farbig markierten Zielstab bis zum Wendestab und zurück getrieben.

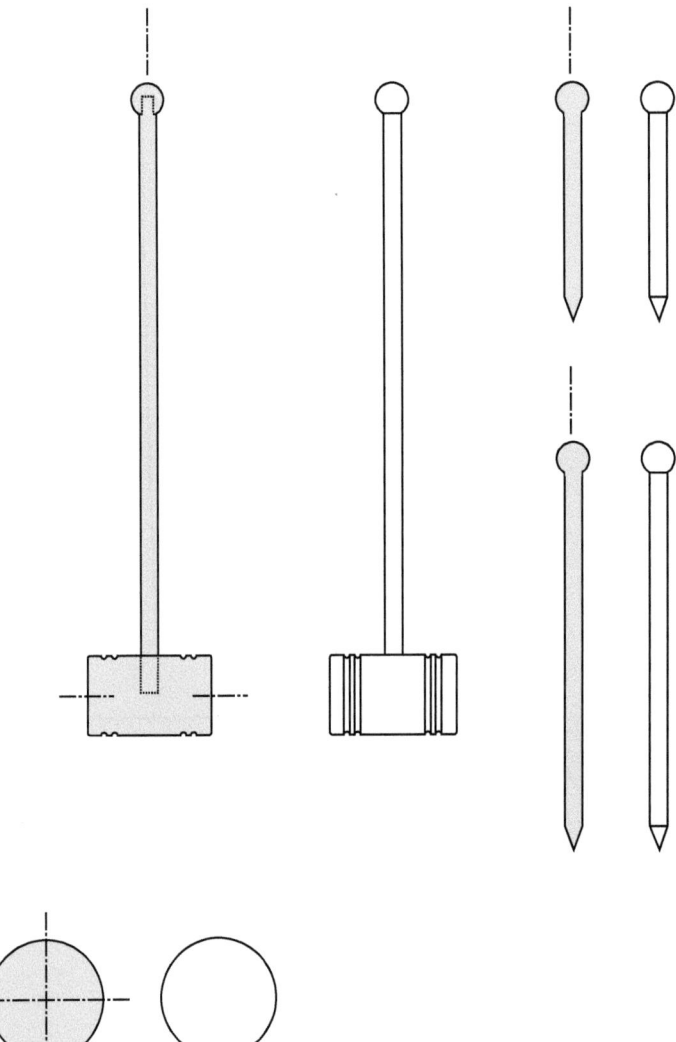

Kegel

Die Kegel sollten über eine kleine Standfläche und recht viel Gewicht im oberen Teil verfügen. Nur so fallen sie richtig und der Spaß wird perfekt. Für Kegel und Kugel ist Hartholz zu bevorzugen.

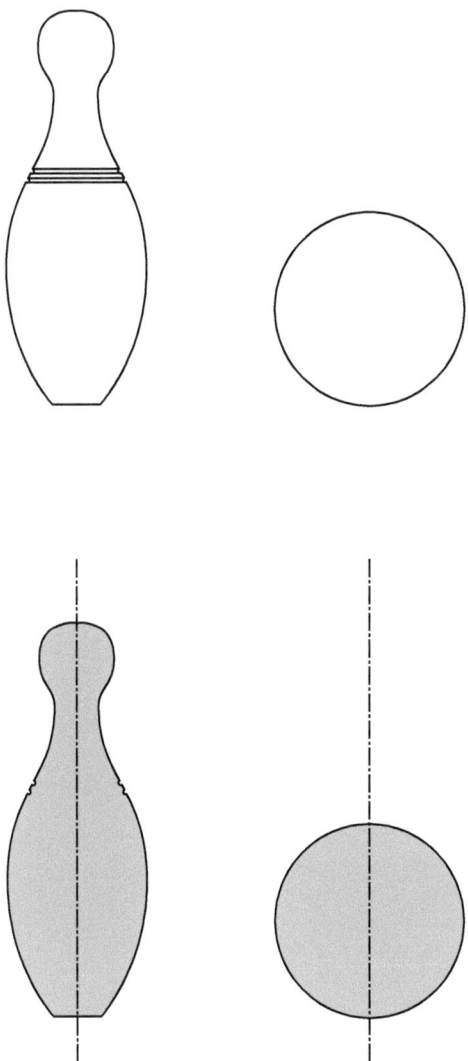

Pyramidenspiel

Die Pyramide hat einen gewölbten Boden, der sie wackeln lässt. Unterschiedlich große Scheiben können vom Kleinkind aufgesteckt werden. Alle Kanten sind gerundet, um Verletzungen vorzubeugen.

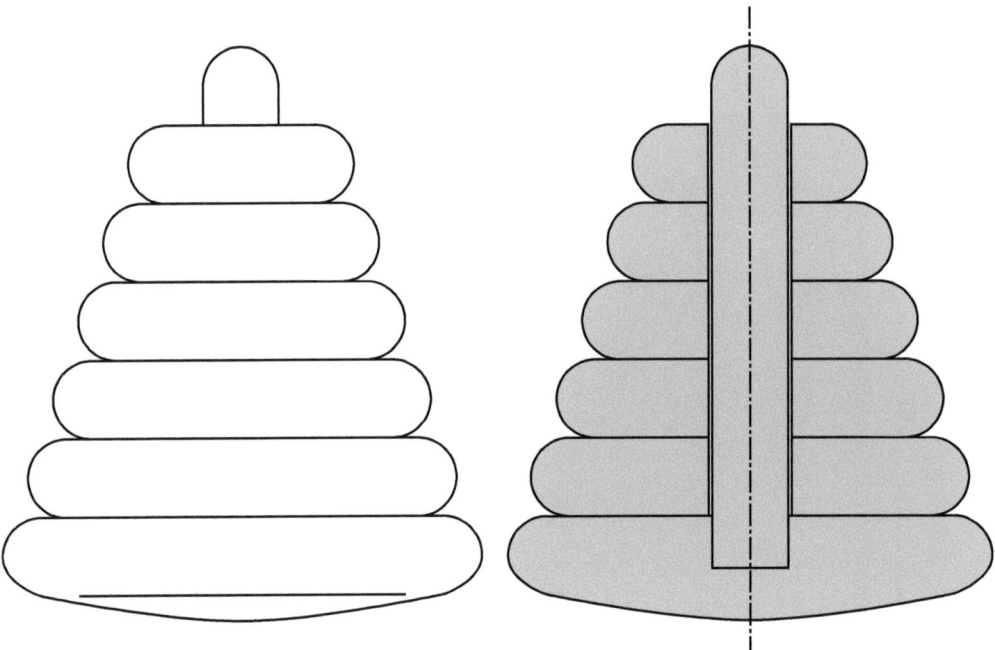

Wackelbrett

Das Wackelbrett fördert den Gleichgewichtssinn. Als Material für die Platte empfiehlt sich eine Mehrschichtplatte (Multiplex® o. ä.). Die Halbkugel wir wie die Außenform einer Schale gedrechselt. Beide Teile werden verschraubt.

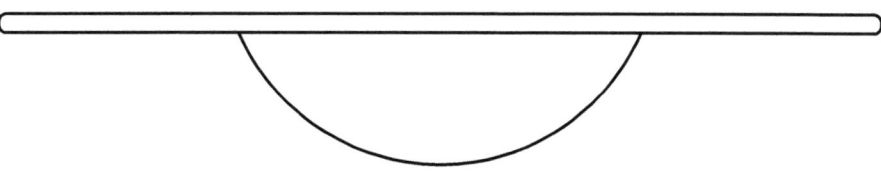

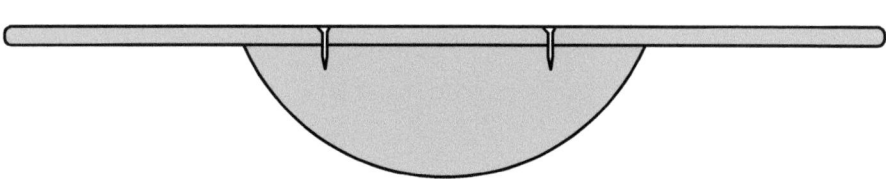

Stopfei

In der Wegwerfgesellschaft ist das Stopfei nur noch
Handschmeichler. Damit es wieder in Erinnerung
kommt, hier zwei Lösungen: Massiv und als Dose
ausgeführt. Garn und Nadeln können praktisch darin
aufbewahrt werden.

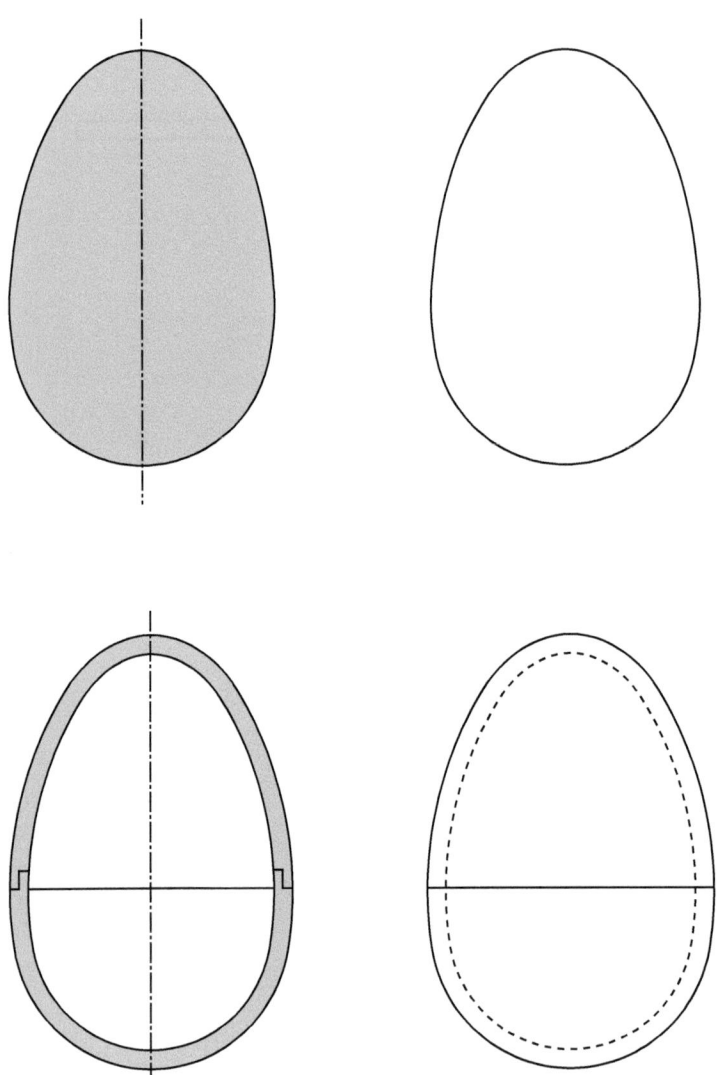

Fingerhut

Mit diesem Fingerhut kommt es zu keiner Chrom- oder Nickelallergie. Er wird der Größe des Fingers angepasst, rutscht weniger ab, als die Metallversion und lässt sich angenehm tragen.

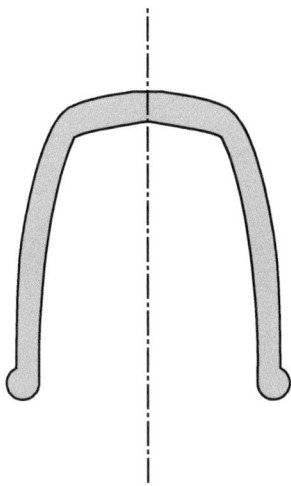

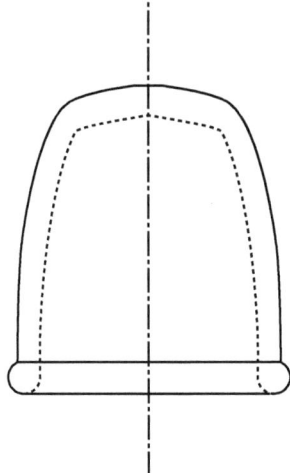

Knöpfe

Für Holzknöpfe eignen sich Harthölzer, deren Fasern
sehr fein sind. Sie können so glatt poliert werden,
dass sie keine Fäden aus der Textilie ziehen.

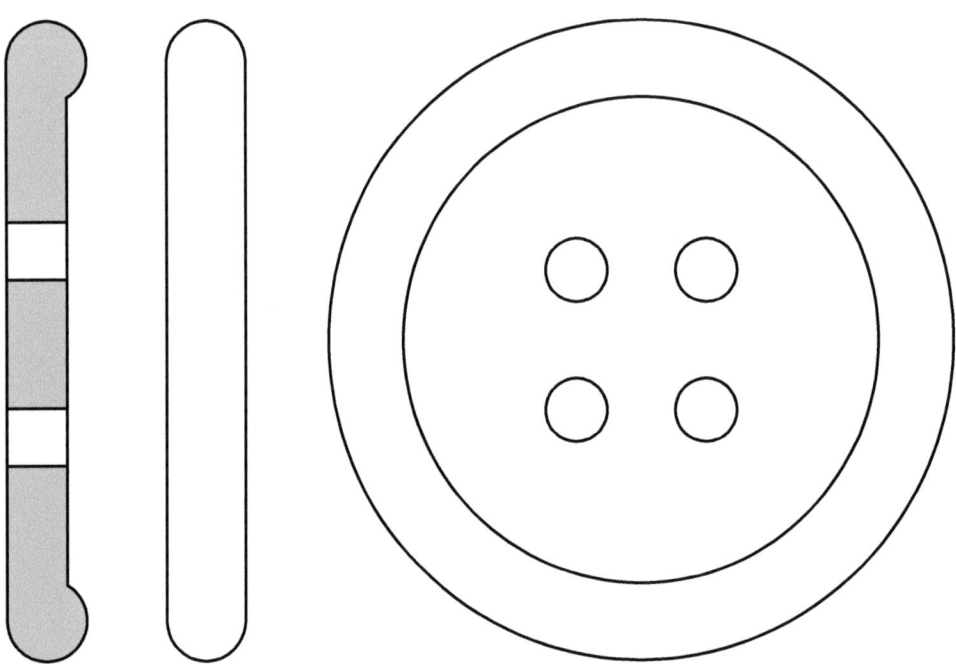

Pfeffer und Salz

Sie können auch aus schönem Holz gefertigt sein. Verwendet man ein helles und ein dunkles Material, erspart man sich die Beschriftung. Die Bohrung beim Salzstreuer sollte ca. 2,5 - 3,5 mm betragen. Dann rieselt das Salz gut aus dem Streuer. Beim Pfefferstreuer kann man die Bohrungen kleiner ausführen.

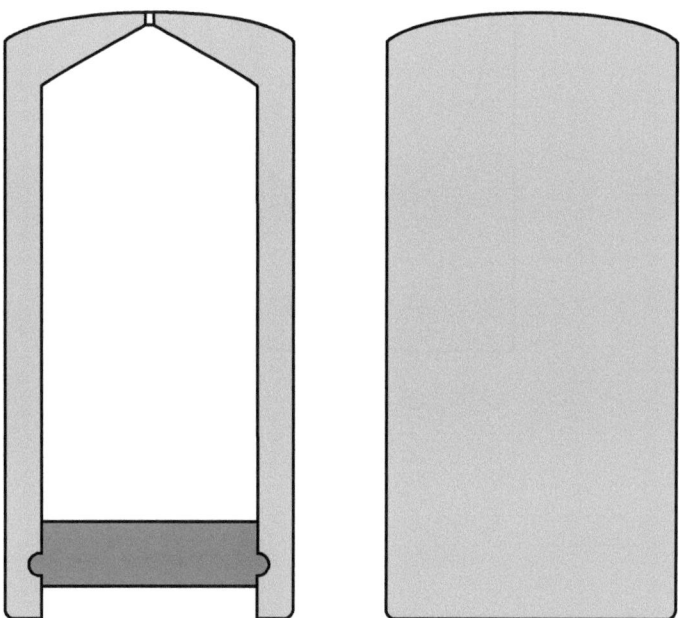

Eierbecher

Das Frühstücksei steht nicht einfach nur auf dem Tisch. Es kann in filigranem Kelch präsentiert oder in rustikaler Säule Halt finden. Ein Eierbecher sollte zum Schutz lackiert oder zumindest gut eingeölt werden, um das Holz zu schützen.

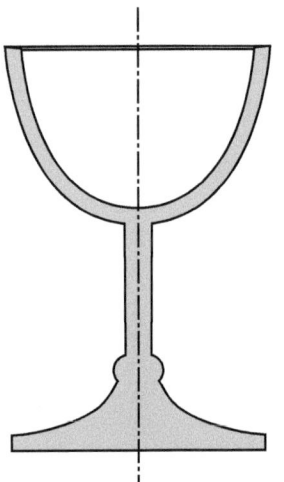

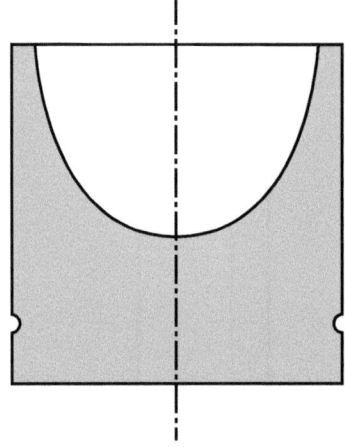

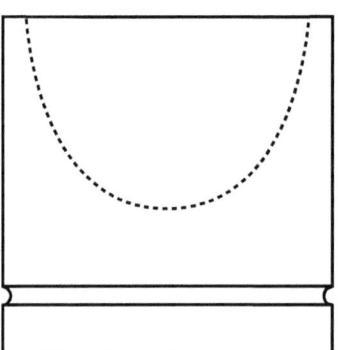

Schneidbrett

Das klassische Schneidbrett und Brotzeitbrett besteht aus Holz und ist nach wie vor hygienischer als die modernen Kunststofferzeugnisse. Es kann mit einer Rinne versehen werden, um herauslaufenden Saft aufzufangen. Es eignet sich Buche, Esche und andere harte ungiftige Hölzer. Um ein Verziehen des Bretts zu verhindern, kann es auch gut aus schmalen Leisten zusammengeleimt werden.

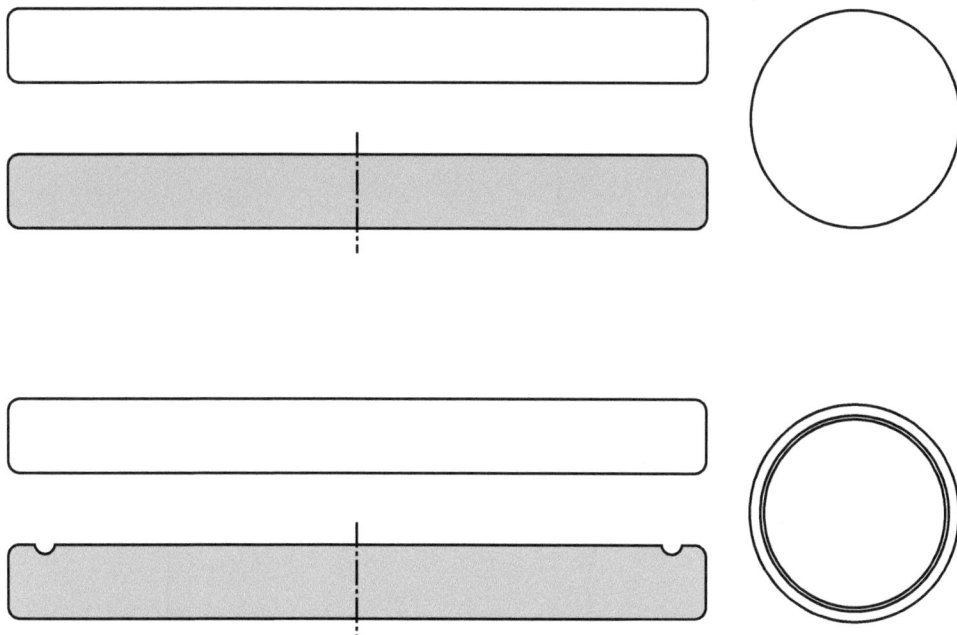

Wiegebrett

Das Wiegebrett ist das Gegenstück zum Wiegemesser. Durch seine gewölbte Form hält es die Kräuter in der Mitte. Als Holz bietet sich Hartholz an.

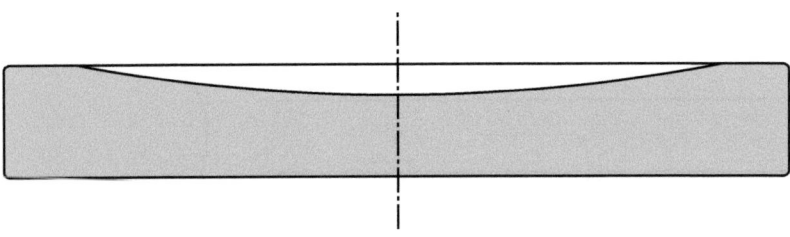

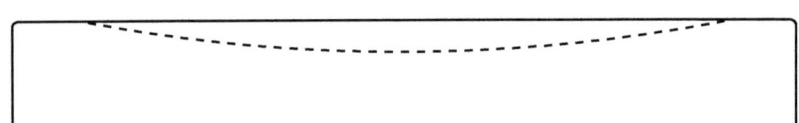

Griffe

Gute Griffe fasst man gerne an. Je nach Anwendung werden sie mit Zwingen (Ringen) aus Metall versehen, um ein Auseinanderbrechen des Holzes zu verhindern.

Griffe für Stechbeitel und Bildhauerwerkzeug besitzen am hinteren Ende ebenfalls eine Zwinge, um ein Aufsplittern des Holzes unter den Hammerschlägen zu verhindern.

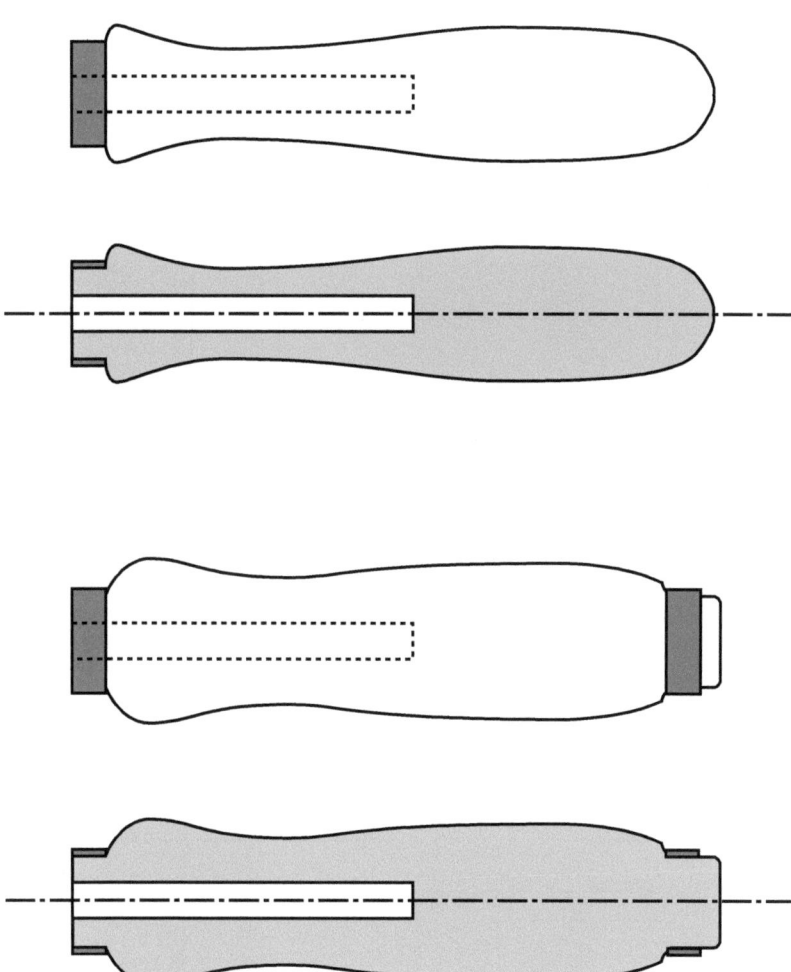

Mörser

Ein Mörser sollte aus sehr hartem Holz hergestellt
werden. Er wird wie eine kleine Schüssel gefertigt.
Der Stößel wird als Langholzarbeit gedrechselt.

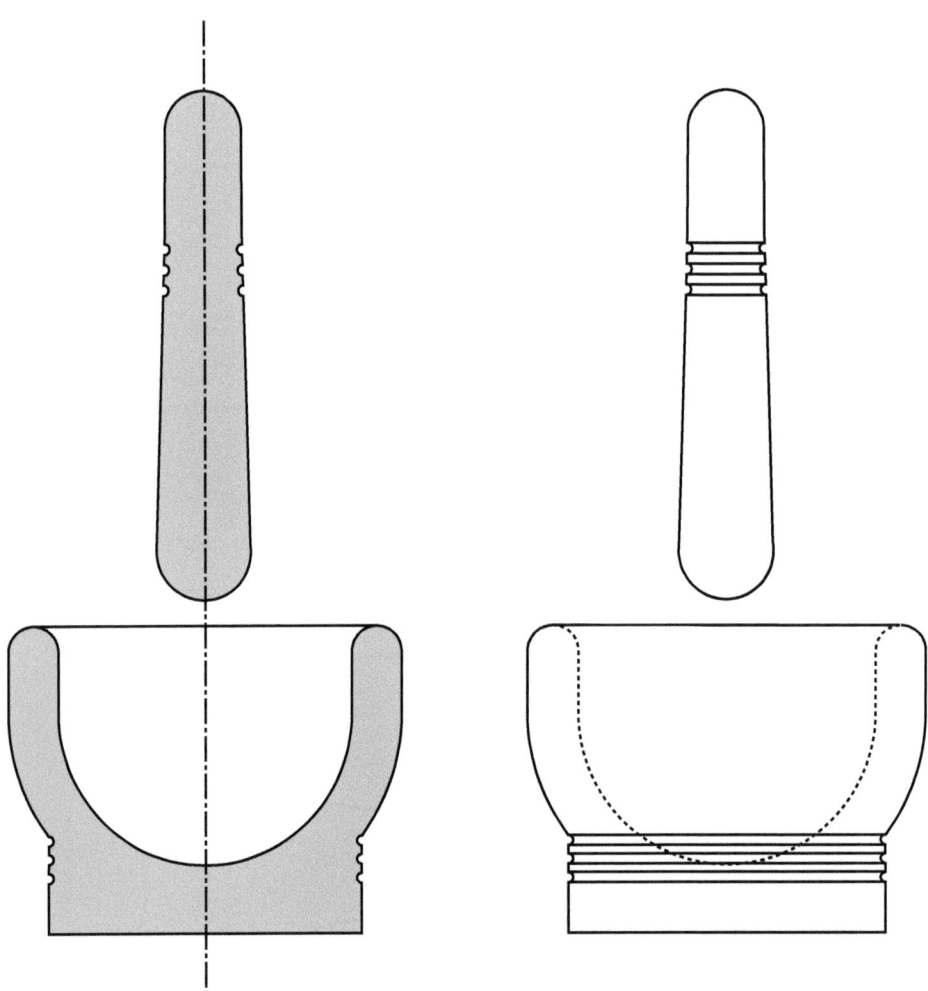

Espressotamper / Stempel

Unentbehrlich für manuelle Espressomaschinen ist der Espressotamper. In der noblen Version wird unten eine gedrehte Platte aus Aluminium oder Messing angebracht. Mit einem Gewindestift wird der gedrechselte Griff aufgeschraubt oder verklebt. Als Gebrauchsgegenstand kann er jedoch auch einfacher aus einem Stück gedrechselt werden.

Stempel können auf die gleiche Art gefertigt werden. Stempelplatten, die man sich günstig über das Internet bestellen kann, werden auf die plane Fläche aufgeklebt.

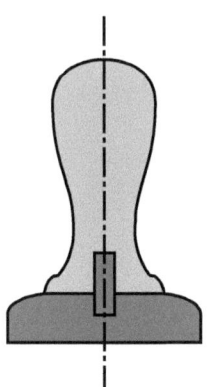
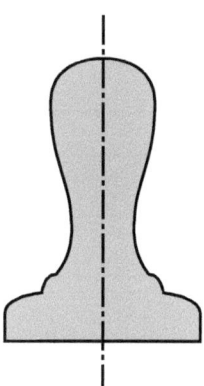

Nudelholz / Teigroller

Das klassische Nudelholz besteht aus einer Stange, die auf beiden Seiten abgerundet ist. Mit den Handflächen wird sie auf den Teig gedrückt und gerollt. Bei der zweiten Variante hilf die Masse des Nudelholzes bei der Arbeit. Die dritte Variante ist durchbohrt und mit einer drehbaren Achse ausgestattet. So fällt das Ausrollen noch leichter.

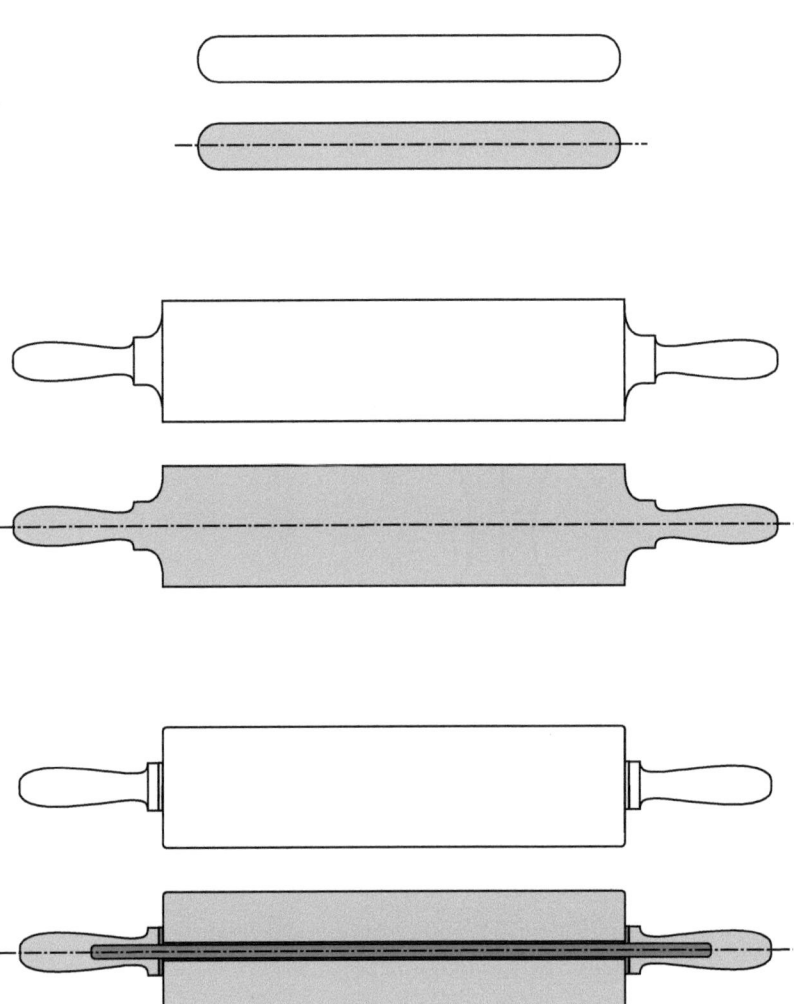

Im harten professionellen Backgewerbe wird dieser Teigroller eingesetzt, der aber auch recht einfach herzustellen ist.

Griffe und Walze sind durchbohrt. Als Achse wird eine herkömmliche Gewindestange verwendet. Gekapselte Kugellager an jedem Ende sorgen für exzellenten Lauf. Die Griffe werden mit Muttern am Kugellager und Hutmuttern an den Enden durch Kontern der Muttern gesichert.

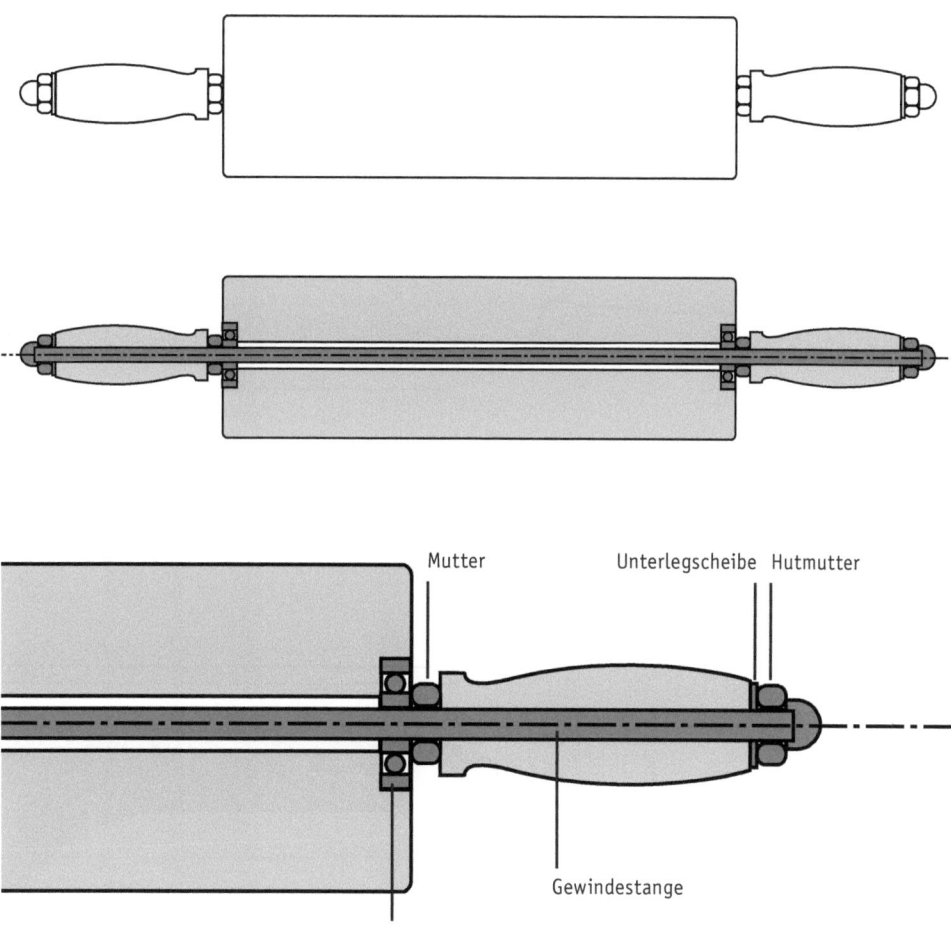

Mutter Unterlegscheibe Hutmutter

Gewindestange

Kugellager

Schaufel

Eine Schaufel kann nicht nur mit dem Schnitzmesser hergestellt werden. Sie kann komplett auf der Drechselbank entstehen. Es eignen sich besonders Obstgehölze, die ein solches Utensil zum Schmuckstück werden lassen.

Vorgehensweise:

1 Eine Kantel wird zwischen den Spitzen rund geschruppt.
   Beide Enden werden rechtwinklig gesäubert.

2 Eine passende Aufnahme für das Spannfutter wird gefertigt.

3 Das Werkstück wird eingespannt und von vorne in der gewünschten Form ausgehöhlt.

4 Eine Scheibe wird als Hilfsfutter passend im Durchmesser gedrechselt.

5 Das Werkstück wird zwischen die Spitzen gespannt und außen auf gleichmäßige Wandstärke gebracht. Der Griff wird gedrechselt.

6 Mit der Bandsäge wird das überflüssige Material abgesägt und zur angenehmen Rundung geschliffen.

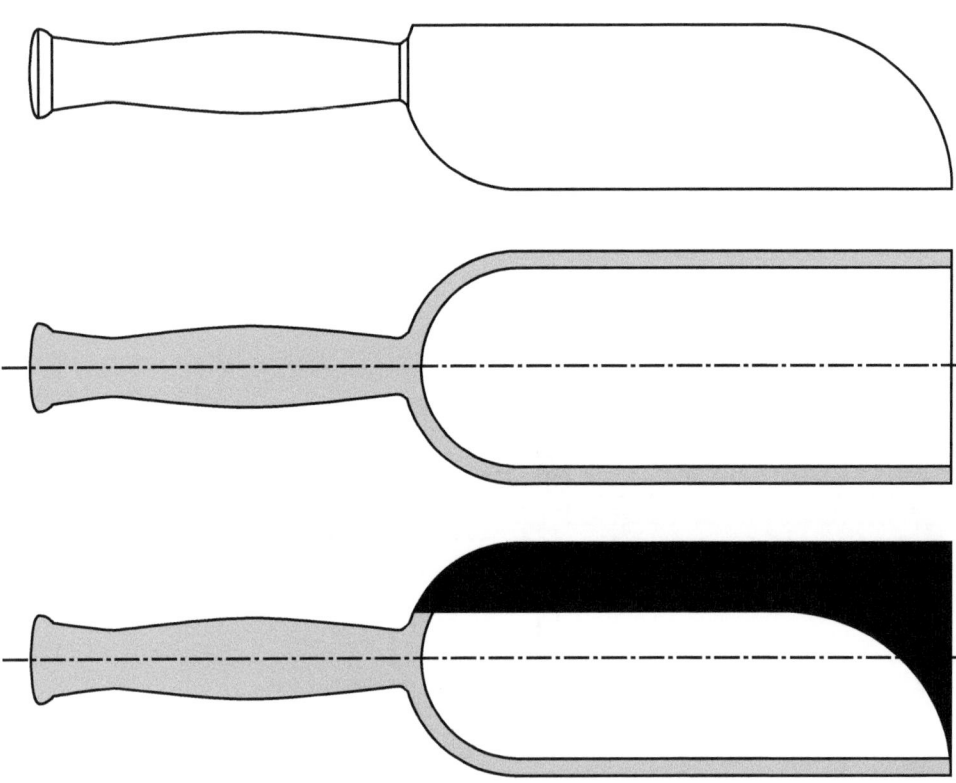

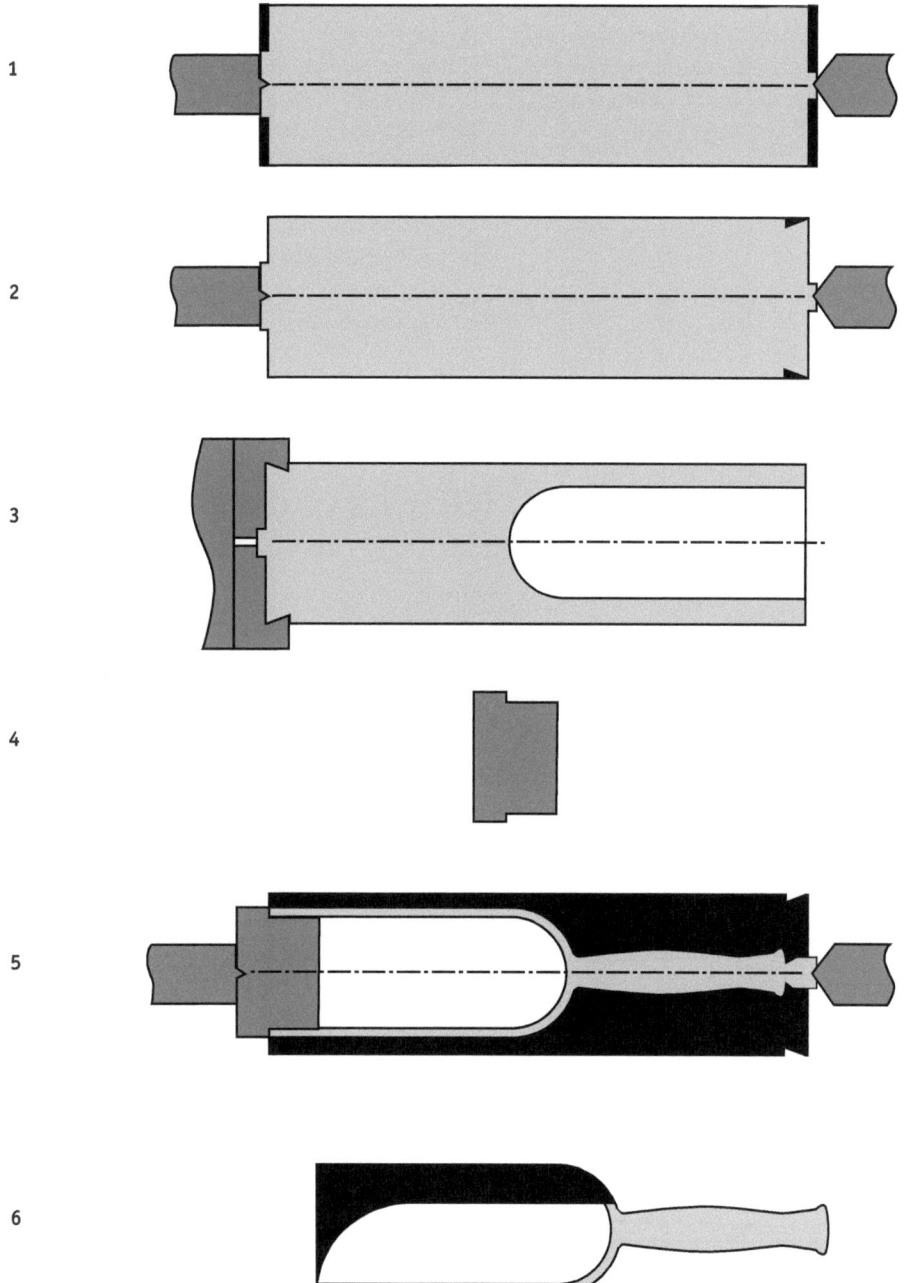

Kaffeelöffel

Aus einem Stück gefertigt, ist der Kaffeelöffel nicht nur ein nützliches Utensil. Aus schön gemasertem Holz gefertigt, ist er das gediegene Werkzeug der Kaffeebereitung.

Vorgehensweise:

1 Eine Kantel wird zwischen den Spitzen rund geschruppt.
  Beide Enden werden rechtwinklig gesäubert.
2 Griff und Kugel werden gedreht.
3 Ein Hilfsfutter wird gefertigt. Eine Aussparung für den Griff des Löffels wird eingesägt.
4 Das Werkstück wird eingespannt. Leichtes Anfeuchten bewirkt gute Spannung.
5 Die Kugel wird ausgehöhlt und der Rand geformt.

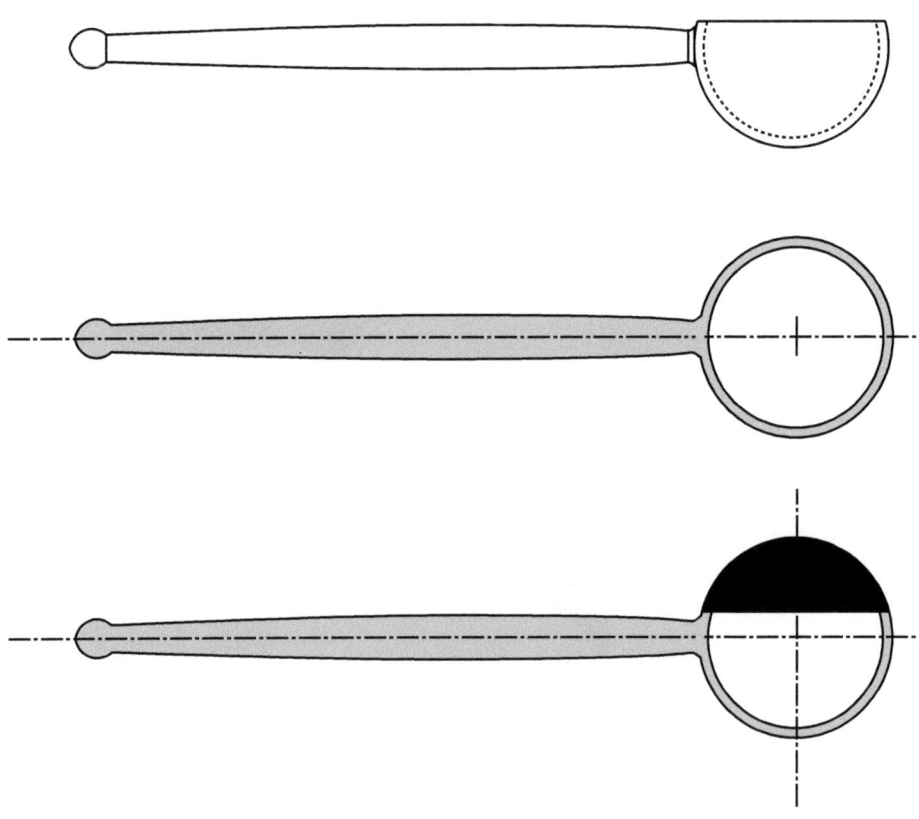

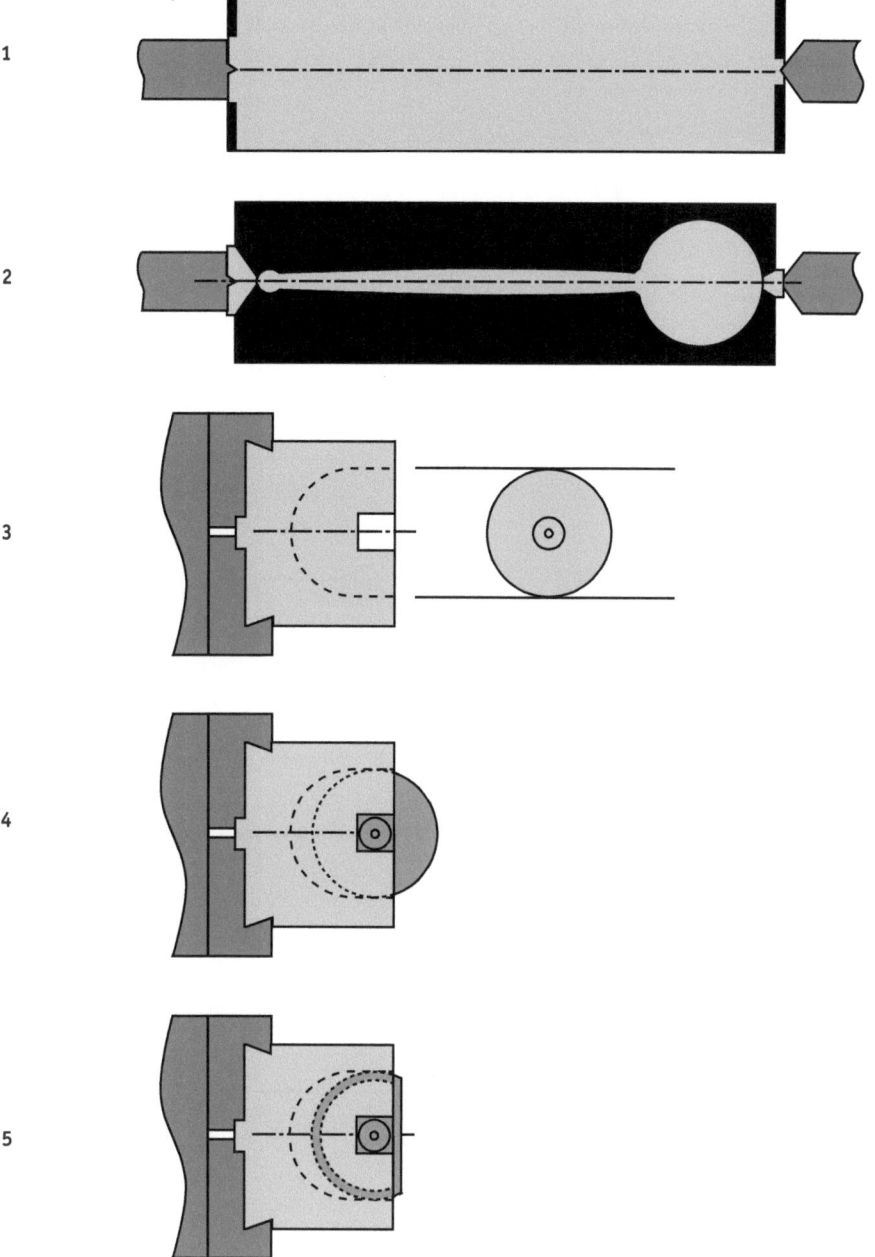

1

2

3

4

5

Schale

Seit jeher gehören Schalen zu den Werken der Drechsler. In letzter Zeit ist das Schalendrehen durch moderne Zangenfutter auch für den Hobbydrechsler zur alltäglichen Beschäftigung geworden. Die Beispiele zeigen gängige gefällige Formen.

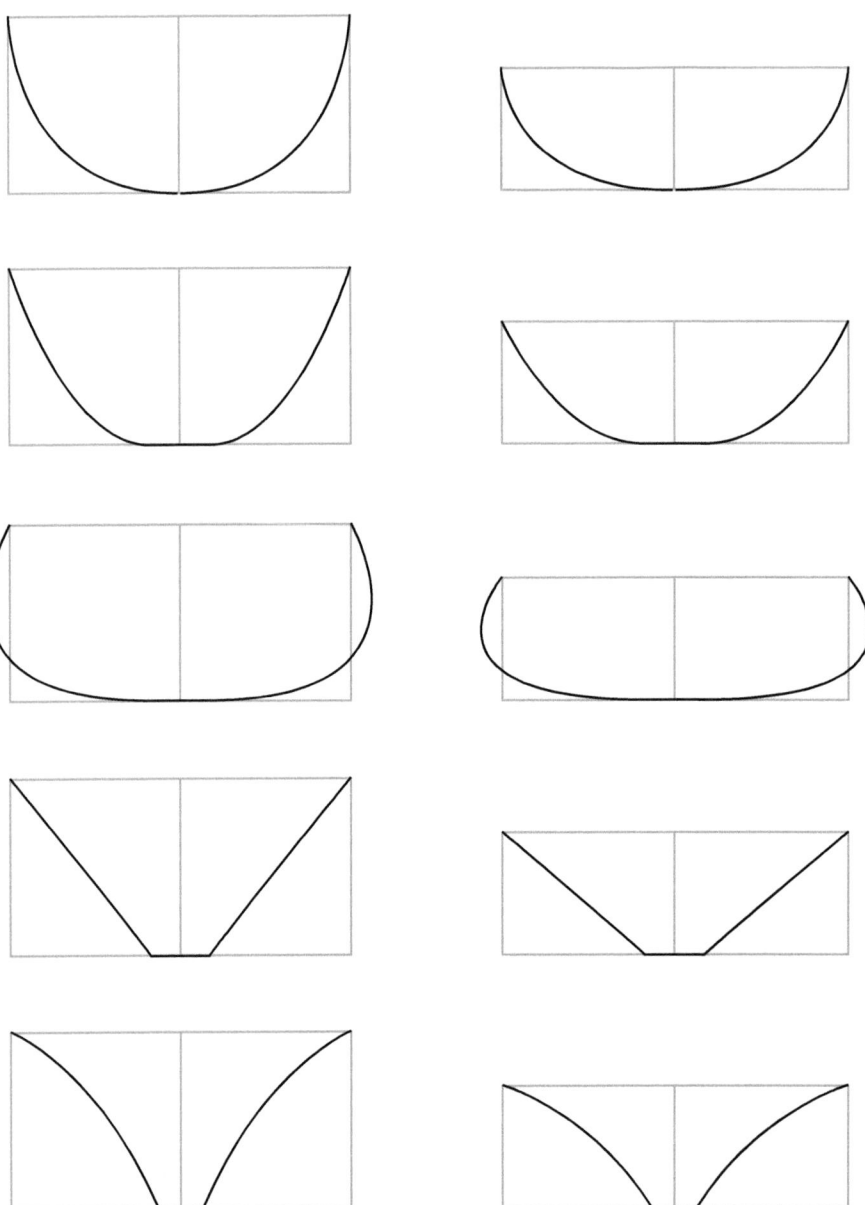

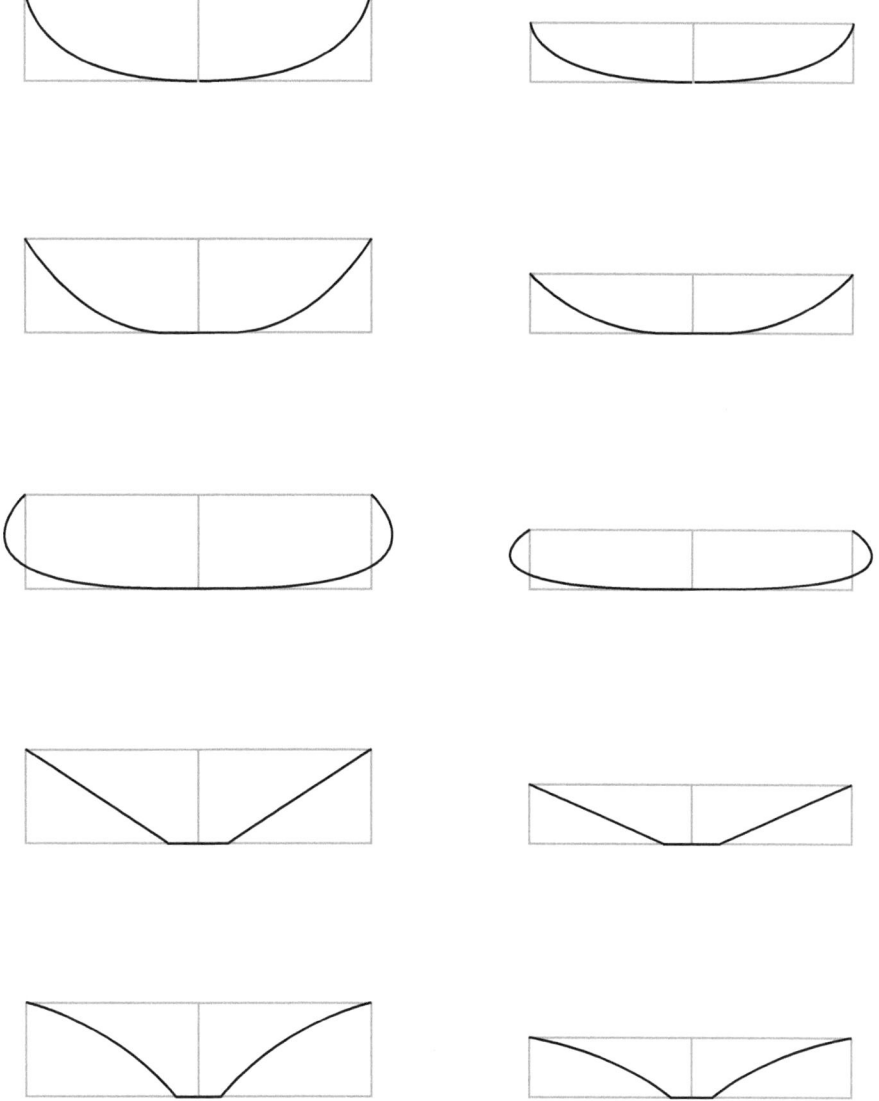

Vase

Als Ausgangspunkt für die Gestaltung von Vasen
dienen die Kurven der Schalen.

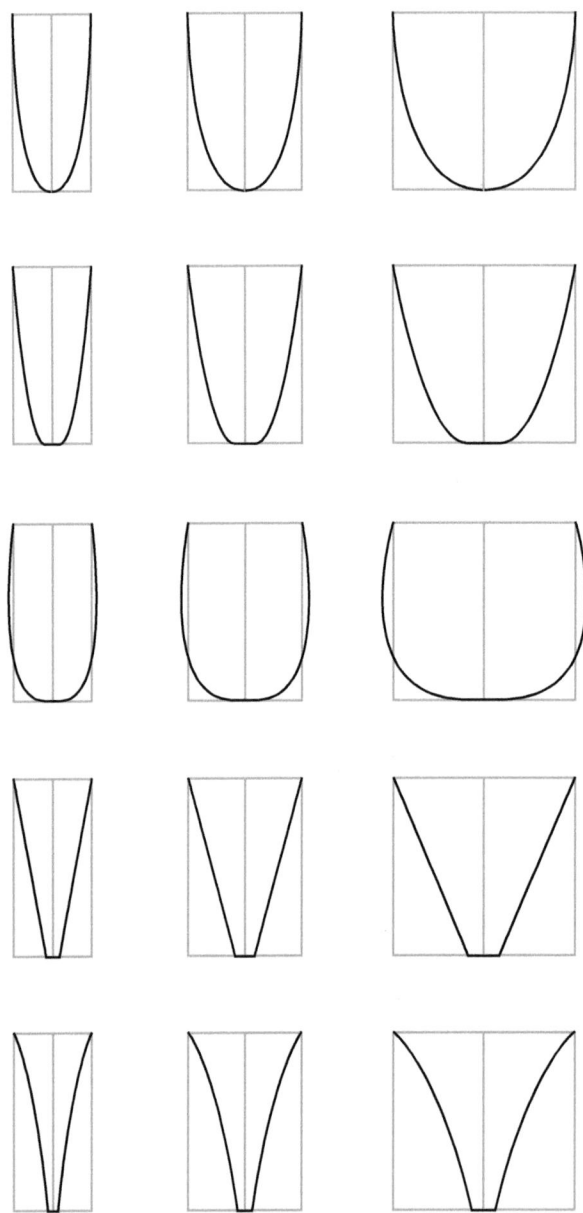

Durch Hinzufügen einer zweiten Kurve, entsteht eine Vielzahl neuer Formen. Das Design verändert sich hier nur durch Höhenverschiebung des Scheitelpunktes der Kurve.

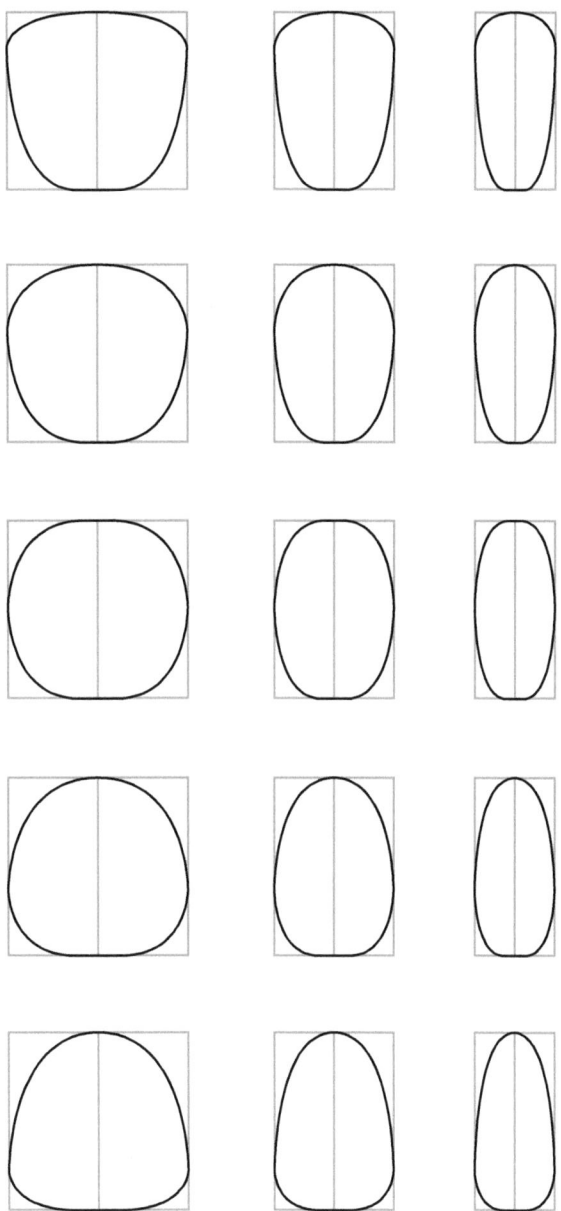

Durch Hinzufügen einer dritten Linie, erhält die Vase einen Hals oder Kragen. Auch hier verändert sich die Form durch die Verschiebung des Scheitelpunktes.

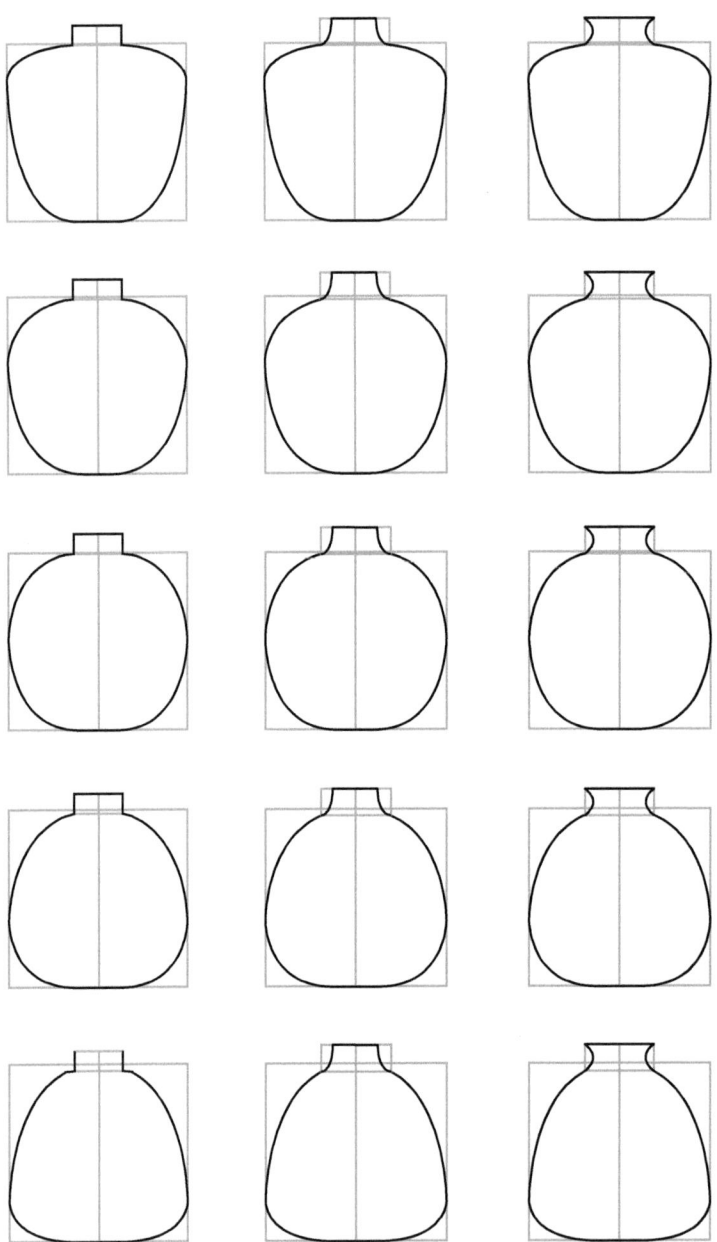

Hier wurden die Formen von der linken Seite wieder in den Dimensionen verändert. auf diese Weise wird es möglich, endlos viele Möglichkeiten zu probieren, bis die ideale Form gefunden ist.

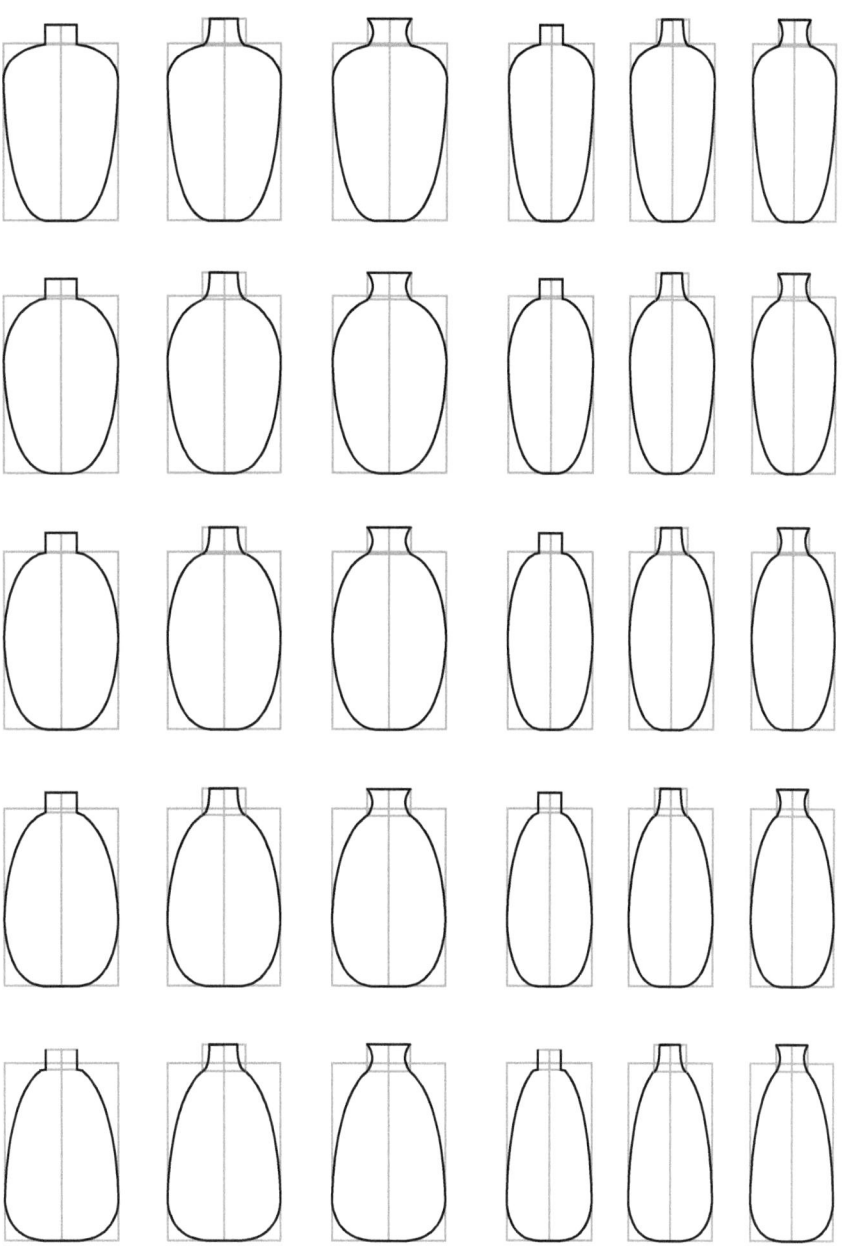

Dosen

Dosen gibt es in vielen Variationen. Größen und
Dimensionen sind auf die jeweilige Anwendung
abgestimmt. Auch die Passung des Deckels variiert
je nach Anforderung. So haben z.B. japanische
Teedosen zwei Deckel, um das Aroma zu schützen.
Für Schmuckdosen wird man eine andere Ausführung
wählen.

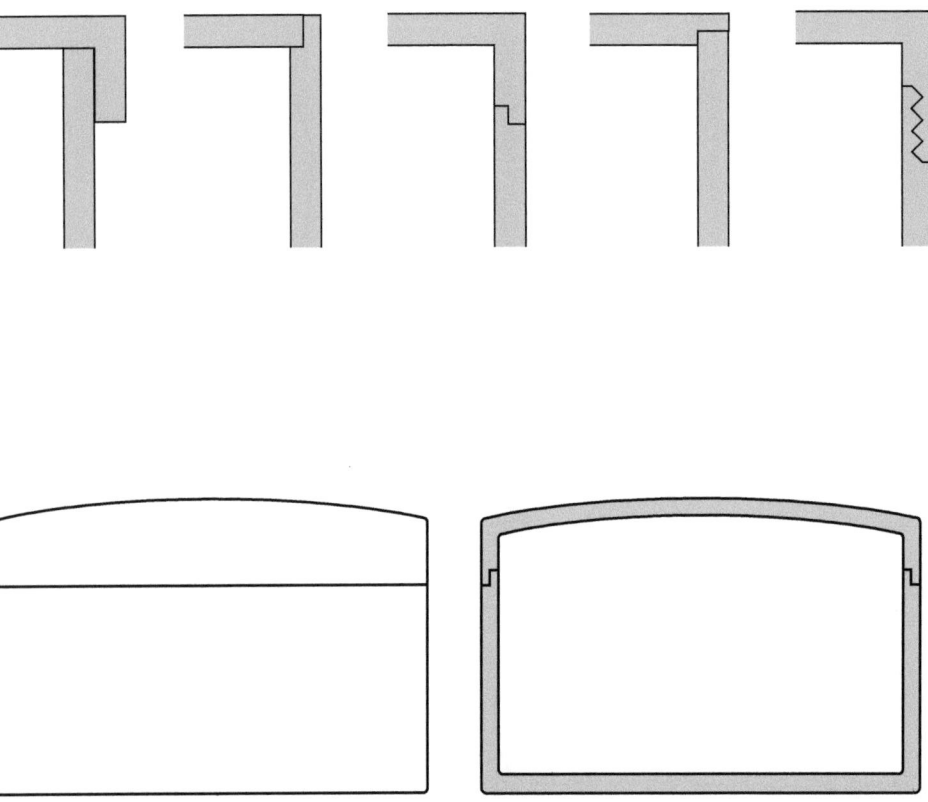

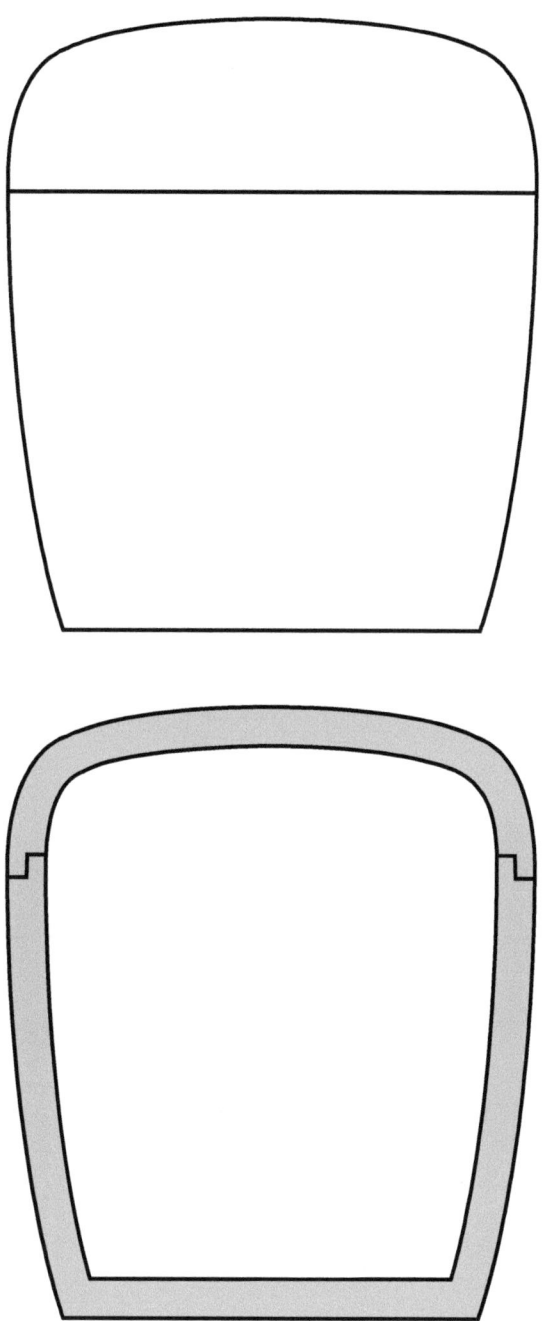

Japanische Teedose

Alte japanische Teedosen sind mit zwei Deckeln ausgestattet um das Aroma des Tees zu schützen.

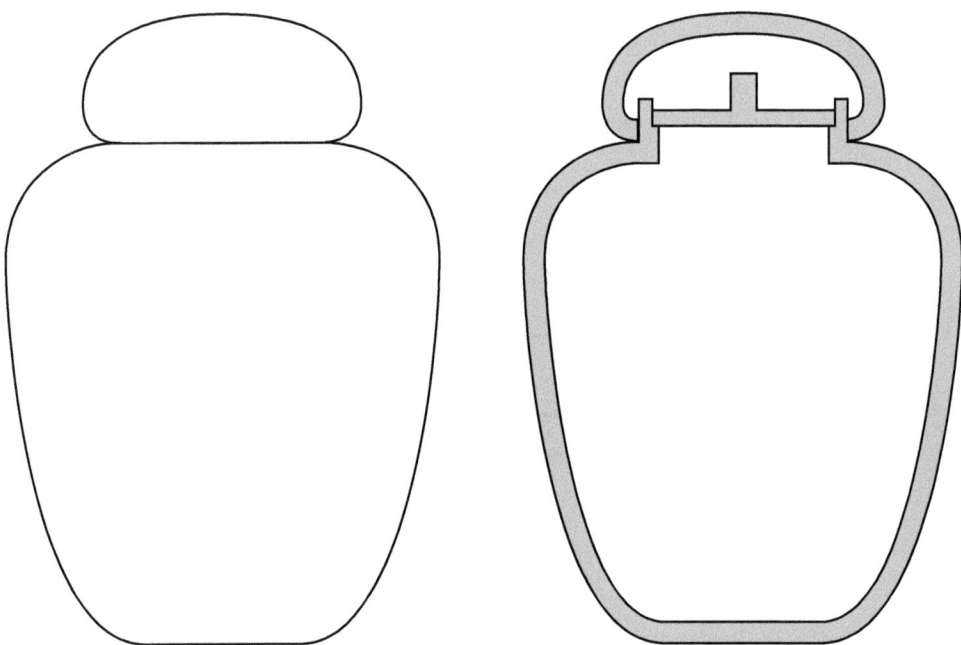

Zigarrenetui

Stilvoller geht es kaum: Die Zigarrenetui aus edlem
Holz. Einmal in der Version zum Stecken. Das andere
mit Gewinde. Das Loch wird mit einem Bohrer gewünschter Stärke gebohrt.

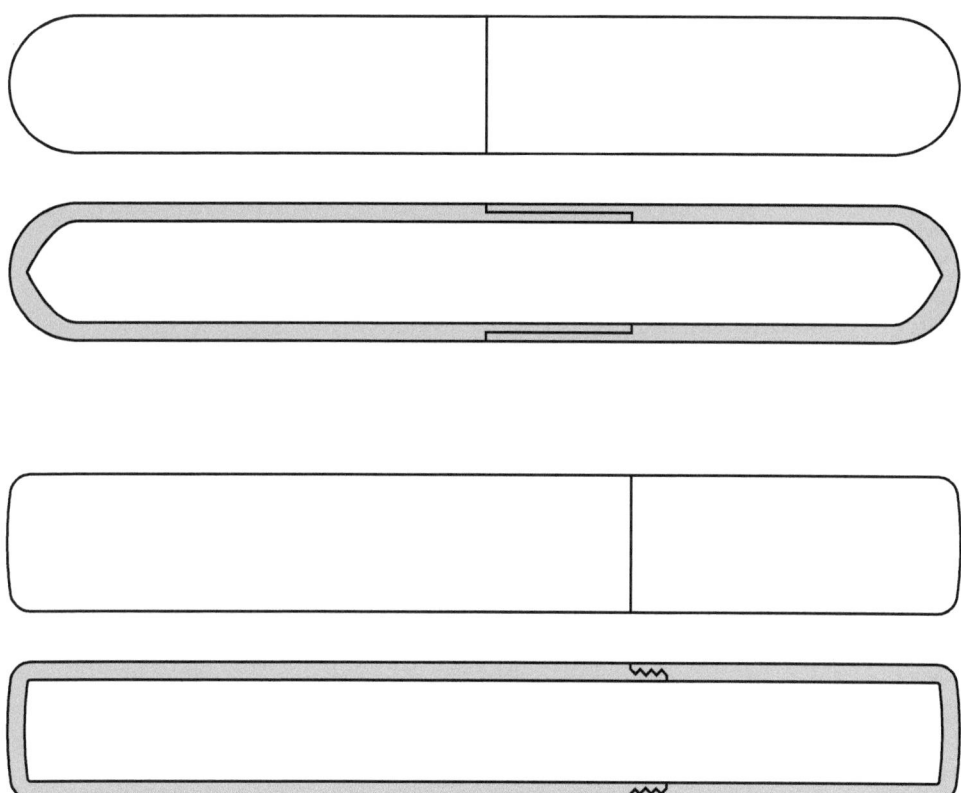

Links zu Bezugsquellen im In- und Ausland (Auswahl)

Drechselbänke:

Wema:	www.wema-olbernhau.com
Lingno:	www.lignolathe.com
Kreher:	www.kreher-soehne.de
Steinert:	www.drechslershop.de
Vicmarc:	www.vicmarc.com
Hegner UK:	www.hegner.co.uk
Oneway:	www.oneway.ca

Drechseleisen:

Sorby:	www.robert-sorby.co.uk
Crown:	www.crownhandtools.ltd.uk
Hamlet:	www.hamletcrafttools.com
Thompson:	www.thompsonlathetools.com
Stubai:	www.stubai.com
DNS:	www.drechselstube.de

Spannfutter:

Axminster:	www.axminster.co.uk
Vicmarc:	www.vicmarc.com
Oneway:	www.oneway.ca
Sorby:	www.robert-sorby.co.uk

Sonderwerkzeuge:

Oneway:	www.oneway.ca
Kelton:	www.kelton.co.nz
Woodcut:	www.shop.woodcut-tools.com